河出文庫

決定版 マーラー

吉田秀和

河出書房新社

決定版 マーラー

◉

目次

決定版 マーラー

マーラーを伝えた人

グスタフ・マーラーの人柄、生活ぶり、音楽その他についての考え方、それから彼をとりまく環境――友人、同時代の音楽生活の有り様などを書いたものとしては、何といっても約十年の年月をいっしょに暮らしたアルマ・マーラー夫人の『思い出』が広く知られている。たしかにこれは大事な資料だし、書き手の性格を反映して、読みものとしてもとてもおもしろい。日本でも、これまで、二種類の翻訳が出たのも当然である。

だが、彼女の本は魅力的であると同じくらい、書き手の強烈な主観を通して下された判断が多くて、時々、真相は果たしてどうだったのだろうか？　と思わせられることがある。

マーラーについてはもう一つ、ナターリエ・バウアー＝レヒナー（Natalie Bauer-Lechner）という女性のものがあり、こちらは彼がアルマと結婚するまでしか扱ってないが（つまり《第五交響曲》に手をつけだしたところまで）、それをおぎなってあまりあるほどの長所をもっている。というのは彼女のはアルマと逆で、マーラーの言行を忠実に書きつけるのを旨とし、しかも元来が日記体なので時間による記憶のずれが非常に少ない方法をとっていた（だから、多くの人が彼女をゲーテに対するエッカーマンにたとえてきたくらいだ）。その上、彼女がマーラーに対し抱いていた献身的敬愛の情は並大抵のものではなかったので、マーラーの言葉を書きつける時でも、ただその上っ面を文字にするというのでなく、その深い意味までじっくり考えた上で、それをできるだけ誤りなく伝えようと努力しているのが、読んでいて、よくわかってくる。「愛」がなければ理解は完全ではないが、愛だけでも足りない。そういう意味での「忠実な理解者、伝達者」であろうとした人の本といってよい。これまでも、マーラーの生活、特に《第一》から《第四交響曲》までを扱った重要な文献には、彼女からの引用が必ずといっていいほど出てきたのも、このためにほかならない。

ただ、いろんな事情で、この本は手に入りにくかった。私なども、いつも本文でなく、引用を通して知るだけではがゆい思いをしていた。それが今度『グスタフ・マーラーの思い出』N・B＝L著、ヘルベルト・キリアーン編、高野茂訳として音楽之友社から出た。さっそく読んだが、期待を裏切らない内容——というより、予期以上の内容である。それに、マーラー好きに限らず、だれが読んでもおもしろい本になっている。

以下、紹介でなくて、この本を読んでの私の感想の中からごくわずかを自由に書きたい。

マーラーは音楽を言葉にのせる上で、うらやましいくらい豊かな才能に恵まれていた。たとえば、つぎの例（都合で訳書から自由に離れた引用にさせて頂く）。

《第四交響曲》の終楽章（「天上の生」）について、

「ここで僕の考えを表現するのはとてもむずかしかった。どこまでも同じように青く拡がる大空を考えてごらん。変化や対照のいろいろなニュアンスを出すよりずっとむずかしいだろう。これが全体の土台。そこに時々かげりが生まれ、薄気味の悪い、ぞっとする気分になったりする。でも天そのものは曇るわけでなく、永遠の青で輝きつづける。ただ、それは僕達にとってだけ突然無気味なものに変わる。晴れた日にあちこち日射しのもれる森にいると、急にぞっとするように……」

同じ交響曲の最初の主題について、

「こんなに子供みたいに単純で、自分を全然意識してないようなテーマをどう楽器に移すか、今までにない苦労をさせられちゃったんだ……これが最初に姿を現す時は、陽の光が射す前、花についた朝露のしずくみたいにまるで目立たない。でも朝日が野原に当たりはじめると、その光線は真珠のような露のひとつひとつに反射し、何千という色と光に分解し、そこから光の洪水のような反映が僕らを照らすのだ」

ああ、そういう演奏が必ずどこかにあるはずである！

もう一つだけ。N・B＝Lが《第一交響曲》の第一楽章と第三楽章をきくたび、信じられないような効果に打たれるというと、その答え、

「それは僕の楽器の扱い方のせいなんだ。第一楽章では響きは光り輝く音の海の彼方に消えてゆく。太陽そのものが輝きのうしろで見えなくなるように。第三楽章では楽器は違った装いをつけ、変な姿でさまよい歩く。黒い影が通りすぎるみたいに鈍く重苦しく響かなければいけない。カノンの旋律はいつもはっきり聞こえるように。僕はさんざん考えた。もし小さな持続音を出したいと思ったら、それを簡単に出せる楽器を使わず、苦労を重ね、時には自然の能力の限界を越えた末、やっとできるような楽器にひかせるのだ。コントラバスとファゴットは最高音域で喉をしぼり、フリュートは低音域で喘ぐというように……」

「ブダペストで全音域でイ音を出すのをきいた時、それは僕が望んでいた微光にきらい、めくような大気を現すには物質的すぎると感じた。それで僕は上はヴァイオリンから下はコントラバスまで全弦楽器にフラジョレットで弾かせることを思いついたんだ……」

小澤征爾がいつかマーラーは楽器の極限、時にはそれを越えたオーケストレーショ

ンをするといっていたが、それはすべてこの種の表現上の要求に対する緻密で正確な答えなのだ。

マーラーの指揮、演奏、オペラの上演の仕方の上での伝説的な功績は、語られることは多くても具体的な指摘は極度に少ない。それが本書では幾つも出てくる。たとえば、当時のヴィーンも含めてのオペラ界では、《トリスタン》の第二幕のあの愛の二重唱は省略された形でしか上演されず、《ジークフリート》終幕でジークフリートがブリュンヒルデを岩の上の眠りから目ざましたあとの二重唱も大幅にカットされていたのを、マーラーは全部復元した。「これは実にけしからん話で、おかげでブリュンヒルデは、一度はジークフリートを避けるが、つぎの瞬間は男の首にすがりつく娼婦といった恰好。今までは途中の経過を全部抜いてたんだ」

《オランダ人》の舞台もマーラーの手で革命的な変化が加えられる。《魔笛》では夜の女王は舞台奥の洞窟からでなく文字通り星空から降りてくる。タミーノが笛を吹くシーンでも、ライオン、トラ、小鳥、ウサギ、大蛇、ワニといった動物たちがつぎつぎ登場するし、三人の童子は鳩にひかれ翼のついた車で空中から舞い下りる……。要するに従来のサロン化された舞台を原作の素朴な味わいに復元するのが彼の意図だった。このほかにも重要でおもしろい話は多いが、みんな割愛する。

ただ最後の頁を引用せず終えることだけは、私にはできない。

「マーラーは六週間前アルマ・シントラーと婚約した。これを書こうとしたら、私は生死の境をさまよう最愛の人を診察させられる医者と同じことになる。だから、このさきは至高永遠の巨匠の手にゆだねます！」

マーラー

1

マーラーはむずかしい、私にには。

私にには、まだ、彼がよくわかったとは言えない。では、なぜ、彼のことを書くのか？　私はマーラーの一部しか知らない。だが、その一部でさえ、私の心を強くとらえ、彼の全体について、知れるだけのすべてを知り、味わえるだけのすべてを味わいたいという欲望をかき立てずにおかない。

だが、私には、いつになったら、それがやれるか、その成算がないのである。私は、いつの間にか歳を重ねこのごろでは、しばしば、一日の終わりに、こうしてまた、私の生の日の終わることを知らされているのだなと、思うようになった。

いつか知らないが、過去のどこかにあった生命の始まりから、そのあと、なにやかや、喜んだり悲しんだり、楽しんだり苦しんだり、笑ったり怒ったり、走ったり坐ったり、寝たり起きたりしているうちに、私に与えられた持ち時間がすぎて、真っ暗な夜がこようとしている。お前には、あともう、眠ることしか残されていない時間が、もうじきやってくる。とても、マーラーにたっぷり時間をかけている暇はないだろう。若いとき、なぜ、やっておかなかったのか？

何かがあって、私は、その気になれなかったのである。マーラーが好きでなかったといってもよい。いや、今でも、まだ、私は、マーラーを聴いていると、それに異常にひきつけられると同時に、そこから離れたいという気持を覚える。この音楽でなくて、もっと軽い足どりで歩いたり踊ったり、歌ったりする音楽へ戻ってゆきたいという考えの、たかまってくるのを感じる。

だが、私には、マーラーを考えるということは、個人の好みを超えた意味があると考えられる。マーラーは、近代の音楽家の中で、「音楽」の中にある面を最も強烈に表現するのに成功した大作曲家であり、その「面」は、彼を通じて以来、完全に音楽の本質的に重要な性格の一つになった。それに、歴史的にいっても、マーラーなしには、音楽は十九世紀の芸術から二十世紀のそれへの移行は完全に成しとげるわけにはいかなかったろうと思われる。少なくともドイツ・オーストリアの音楽は、彼がいなかったら、ブラームス、ブルックナー、ヴォルフ、レーガー、R・シュトラウスがいただけでは、十九世紀を抜けだして、シェーンベルク、ベルク、ヴェーベルンにつながる手がかりを得ることができなかったろう。だが、こういったことは、いずれだんだんに——もし書けたら——書いてゆこう。私に与えられた目下の課題は、自分がまだやれる間に、私の今の力が許される限りでのマーラーとの決着をつけておくことである。

マーラーは、「私の時は、いずれ、来るだろう」と言ったという。その彼の「時」は、今や来ているのだ、という人もいる。確かに、彼の曲は、近年になって、さかんにやられるようになり、レコードもここ数年、飛躍的に増えた。だが、私のまわりで、私が直接見たり聴いたりしている限りでは、レコードはさておき、交響楽団の演奏会で、マーラーがやられるといっても、その大半が《第一交響曲》で占められている。あとは、若い、野心にあふれた指揮者が《第二》《第五》《第八交響曲》といった大作をプログラムに載せるとか、あるいは、大家が集まって《大地の歌》をやるとかいうくらいで、《第九》《第七》《第六》はもちろん、わかりやすく、まとまりもよい《第四》や、それから長いけれど、これもそれについては、たぶん親しみやすいであろうと思われる《第三》でさえ、ほとんど、聴かれない。それにまた、マーラーの成功作の揃っているオーケストラつきの歌曲の分野でいえば、《さすらう若人の歌》はともかく、《亡き子を偲ぶ歌》とか《子供の魔法の角笛》の歌曲集からの抜萃とかは、かえって過去の一時期のほうが、よくステージで聴かれたような気がする。まして、――私に言わせれば、《大地の歌》に少しも劣らない傑作である《リュッケルトによる五つの歌曲》などは、このところ、まるでやられない。

これでもマーラーの時は来ているということになるのだろうか？「ごらんのごとく、僕は自分の書いたものの勝利をもう自分で味わうことはないだろう！　僕の書くものは、聴衆には、あまりにも異縁で新しすぎ、彼らには、僕へ渡ってくる橋を見つけられないのだ……。みんなは、まるで僕の言葉に反応しない。彼らには、僕の言うこと、僕の考えることについて、皆目見当もつかない。まるで無意味で、理解不能としか思われないのだ。僕の曲をひく音楽家にしても、僕の考えをつかんでいるものは、ほとんどいない」（一八九六年）。

今日の人びとの中には、「いや、私はマーラーの言うことは――少なくとも言わんとすることはわかるのだ。理解不能だから拒絶するのではなくて、共感できないから、聴かないのだ」という人もいるだろうが、マーラーから言わせれば、わからないからそうなるので、わかったときは――まるで態度が変わるだろうということになる。もしマーラーの音楽が真に独創的なものであり、その中では本当に重要なことがいわれているのだとしたら、好き嫌いでなくいえば、そのどちらか一方が正しいのであって、この中間ということはない。どこまでも、わかろうと努力しなければならないのだ。

これはそれに値する音楽なのだから。

「わかるようになったから、マーラーに対する態度の変わった」という人の中での典型的な例を、アルノルト・シェーンベルクは示している。

シェーンベルクには、プラーハでマーラーに関して行なった――いわゆるPrager Rede（これは、たとえば『グスタフ・マーラー』〔ヴンダリッヒ社、一九六六年〕に収められているし、また、彼の論文その他を集めた『様式と思考』一九五一年〔邦訳『音楽の様式と思想』上田昭訳、三一書房〕にも英訳からの形で収められている）という有名な講演があり、これには、マーラーについてと同じくらいシェーンベルク自身について語るところの大きいおもしろい文章が続出するのだが、ここでこの二十世紀音楽の父親の中でも最も非妥協的だった芸術家は、いきなり、こう言ってのける。「多くの言葉を費やすより、ごく端的に言うのがいちばん良いでしょう。『グスタフ・マーラーが最も偉大な人間かつ芸術家のひとりだったというのが、私の不動の確信であります』と。ある芸術家について、ひとを納得させるやり方は二つしかない。一つはその作品を上演すること、もう一つは――今の私は否応《いやおう》なしにこの方を選ばざるをえないのですが――この作品についての信念を吐露することです」と。

この講演の中には、故人への親愛の情と驚嘆の念に満ちた弔意とともに、自分の不明をここに告白して、その負い目を何の条件もなしに一挙に償おうとする心情も働いていたのではないかと思わせる音調があるのだが——正直言って、私も、そうだったのである。シェーンベルクに並べて自分のことをいうのは釣合があまりにもとれなくて滑稽だが、しかしここで黙っていてはいけないだろう。それというのも、ここで彼が明らかにしているように、シェーンベルクは一九〇八年まで——ということは、マーラーの死ぬ三年前、この講演の行なわれる五年前まで、ということである——マーラーの音楽をたいして尊重することなく過ごしてきており、当時の彼の目からすれば、マーラーの主題の大部分は凡庸で特徴に乏しく、「(誤解にもとづく考え方だが) 形式上の欠陥も(彼の交響曲は全体としての構成を欠き、寄せ集めのポップーリみたいなものだ)」よく見られたし、したがって、よく細部について難癖をつけたりしていた。ただし「マーラーの交響曲は、全体としては、私にはいつも、大きな印象を与えたのだったが」。

シェーンベルクは、ここでは、あの改宗者サウルのような身振りで、マーラーを語っている。その一つ一つは、前にふれたように、いかにも彼独特の急進的で徹底的な考え方に満ちているのだが、それはまた読者に、いつか自分で当たっていただくことにしよう。

私が、しかし、ここでどうしても、省くわけにはいかないのは、シェーンベルクが、この講演の中で、マーラーの旋律の作り方について語っている個所である。シェーンベルクは「マーラーの音楽の美しさについて、一つ一つ語ろうとすれば限りがないから、ここではただ、音楽美学のお偉方の口からは絶対に聞けないものを若干とりだしてみよう。その中でも、特に注目に値するのは、マーラーにおける旋律形成である。マーラーは最後まで調性的な音楽を書き、したがって、いろいろなコントラストの中でも、彼が使用できたのは、和声的にいうと、そんなに多くなかった。だが、そうやって書かれた彼の旋律がどんなに長いものになりえたか、これは信じられないくらいである。長くすれば、ある種の和音がどうしても反復されないわけにいかないのに、少しも単調さが生まれない。いや、反対に、主題が長くなればなるほど、終局的な躍動はますます大きくなる。主題は発生状態（Status nascendi）ですでに白熱していたので、ある時間がたっても、疲れるどころかますます迫力を加え、ほかのものだったらとっくにしなびてしまったようなところで、むしろ初めて最高の燃焼に達する……」

その例として、彼は《第八交響曲》の第一楽章にふれたのち、さらに《第六交響曲》のアンダンテの主題を例にあげているのである。

2

ここで、大急ぎで、一言挿入しておきたい。マーラーの音楽で、私を魅了する最大のものは、一つは彼の楽式の構造、つまり音楽の全体の仕組みの立て方の独自のすばらしさであり、もう一つは旋律の比類のない表現力である。楽式のことは、いずれ書いてゆく。マーラーを論じて、彼の音楽の組み立てについてふれないことは不可能なのだから。

ところで「旋律」は――調性音楽の旋律は、十九世紀が進むにつれて、シューベルト、ショパン、シューマン、ヴァーグナー、ブルックナー、ブラームス、R・シュトラウスと、次々に天才たちの手によって、高い表現価をもった形体を、私たちに提示してきたわけだが、それと同時に、大雑把にいってハイドン、ベートーヴェンに始まった、和声的機能とのバランスのうえで形成された展開の素材としての潜在的可能性の重視は、しだいに、その重点を、いわば分析的な性格のものへと傾斜させていった。

その現象を、私は、曖昧さのそしりをうけるのを覚悟で、旋律の知性化と呼ぶことにする。あるいは旋律の合理化と呼んでもよいだろう。シューマンのある種の旋律がそうであり、それは《詩人の恋》の歌たちの旋律にもみられた。といっても誤解してほしくない。これは何もシューマンが彼の旋律を頭でこしらえあげたというのではないのだ。シューマンのテンペラメントの中に、分析的な旋律構造をとる傾向があったのである。だから、シューマンにとっては、《詩人の恋》第一曲の旋律は、まったく「自然」だったのである。それは、この曲を私たちが聴くときすぐ感じたとおりである。しかし、また、この傾向は、シューマンの場合のような精妙さと内面性はもたないが、逆に大規模な器楽曲の構成に役立つブラームスにも、みられる。たとえば、彼の交響曲の諸楽章の主題は、ほとんどみな、そうしたものだ。ことに典型的なのは《第二》《第四交響曲》の場合だろう。これは、また彼の器楽曲にみられるだけではない。彼の歌曲の旋律もまた、ほとんどいつも、極めて和声的分析的な成り立ちをもっているのが通常なのである。

マーラーも、はじめは、そうだった。とこう書いただけでは、誤解を生じるだろう。マーラーとブラームスとでは、旋律の書き方は、はじめから違っていたに相違ない。しかし、今の私には、その相違を正確に追求し、簡明直截に示す力がない。この点は許していただきたい。

マーラーは、最初から旋律家として出発したが、彼の旋律の特徴の一つは、それが、この時代として考えられないくらいディアトニックだったことにみられよう。マーラーは一八六〇年生まれ、彼が初期の作品――たとえば、《第一交響曲》の構想は一八八四年ごろ始められ、初演は一八八九年だった――を書いたころは、すでにヴァーグナーが《トリスタン》も《指環》も《パルジファル》も書きつくし、上演に成功したうえで、死んでしまっていたのだ（念のために書けば、ヴァーグナーの死は一八八三年）。

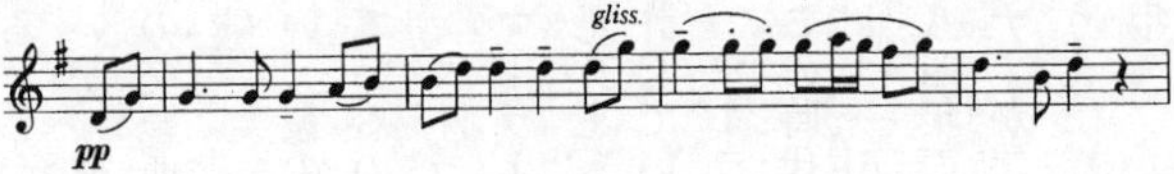

譜例1

それを思いあわせると、この第一交響曲の旋律たちは、何と全音階的なことだろう――まるで（！）「自然」は半音階を知らず、したがって、カッコーの鳴き声や、広い野原をゆく風や森の木の香りに満ちたこの音楽は、完全「4度」で組み立てられるほかないかのように。それにまた、その中の多くは、「民謡みたい」に響く［譜例1］。

ことわるまでもないだろう。これは第三楽章の中間に出てくる旋律（そうして《さすらう若人の歌》の中にあったふし）だが、「芸術音楽」、それも大編成の交響曲の中に出てくる旋律が、こんなに「民謡にそっくり」だったことが――少なくとも、ハイドン、モーツァルト以後の伝統をもったドイツ、オーストリア音楽の系譜の中で――あったろうか？ なるほど、ハイドンやベートーヴェンが「民謡」を使った例はある（私は正確には知らないのだが、学者たちがいろいろな証拠を提出して、そう主張している）。だが、彼らが、交響曲の中で、それを使うとそれは「民謡くさくなる」のが普通だった。ところが、ここでは、それが逆なのである。むしろ、これは、芸術が民謡に近寄り、それと合体し、民謡になるという順をふんだものなのだ。マーラー以外の作曲家では、シューベルトが挙げられる。ことに彼の歌曲

譜例2

――《野ばら》、それから《ます》《菩提樹》などがその例である。これらは、シューベルトの生きているころ、すでに作曲者の名前もわからないまま、多くの人びとによって歌われていた。そういえば、マーラーのこのふしも、《さすらう若人の歌》の中では「菩提樹」との連関で出てきたのだった（Auf der Straße stand ein Lindenbaum, da hab' ich zum erstenmal im Schlaf geruht!）。

読者は、リンデンバウムを実際に御存じだろうか？　ことに、それが、この歌に出てくるように、広い野原のまんなかをゆく道ばたにあり、大きな葉蔭を広げて、道をゆく人たちに憩いの場を与える大木として立っているときの菩提樹を？　この木はまた、六月になると、白い花を一面につけ、その香りはあたり一面耐えがたいほどの甘味を漂わす。あるいは初夏の（ヨーロッパには梅雨はない）かげとものとが見定めがたく交錯する薄明（いわゆるDämmerung〔黄昏〕）の中を歩いていると、突然どこからともなくわずかに香ってくるリンデの甘い匂いに気がついたときの胸の何ともいえない高まり！　マーラーは、後にまた、《リュッケルト歌曲集》の中で、もう一度リンデについて語ることになる。それは、もう、この《第一交響曲》での民謡的な歌でなくて、もっと微妙な、まるで印象派みたいなニュアンスの明暗をもった淡いタッチでなされることになるのだが（Ich atmet einen Linden Duft）［譜例2］。

余計なまわり道をした。しかし、この旋律の意味を十分につかむためには、「菩提樹」を体験していないとしたら、少なくとも、それへの連想をかきたてておく必要はあるのだ。

ところで、こうして、私たちは三つの「菩提樹」の旋律をもったわけだが、このうちでシューベルトのは、民謡でないものが――つまり作曲者の完全にわかっているものが、人びとに歌われるうちに、まるで作者の知られない、共同体の中の産物のようになっていった真正な例であろう。それに比べると、マーラーのは、誰も、これをマーラーと知らずに歌うものはない。しかし、旋律としては限りなく、三和音的で、単純であり、一度聴いたら、どんな人も忘れることはなく、また歌おうと思えば、どんな人でも、できないことはない。ただ、単純だが、これは素朴ではないのである。いわば「民芸品」のような手ざわりと匂いが、そこにはある。というのは、マーラーの罪でも何でもない。シューベルトのあの真正にロマンティックな時代は、もう二度ととりかえしがつかなく失われてしまっていたのだ。マーラーのは、それに対する一〇〇パーセント懐古の産物として生まれた。そこから、シューベルトのとはまったく別の「甘美さ」がこの旋律に生まれる。これが、とっくになくなったものへの憧れの歌だということは、逆にいえば、ここでは、ロマン主義者の夢見た自然と素朴の「喪失、解体」という明解な意識が、現実の正しい認識として、存在している事実を示しているにほかならない。

そうして、最後に、《リュッケルト歌曲集》での〈菩提樹の香り〉これはもう、過ぎさった過去への郷愁の表現ではなくて、自然と微妙に関連しながら、新しい存在としての芸術的現実を創造するものとなっているのである。だが、この話は、あとにしよう。

3

マーラーは特筆すべき旋律家であり、彼は「旋律」を救い出したと言ってよいのだが、その彼の「旋律」は創造的生涯を通じて、いつも同じではなかった。

私たちが《第一交響曲》でみたのは、マーラーの創造の、言ってみれば、第一期のあり方を集約的に示すものだった。

ここで、マーラーのその創造的生涯について、ごく簡単に解説的に述べておけば、よく人がベートーヴェンについていうように、三つの時期に分けられなくもない。ごく大雑把にいって、ベートーヴェンのそれが、作品五〇までの第一期、それから作品一〇一以後の最後の一〇年間（ないし七年間）の第三期、その中間に入る第二期と分類できなくもないように、マーラーのそれは、勉強時代から地方の管弦楽団やオペラの若い指揮者として遍歴していた時代（その間、若干のオペラの習作等のほか、交響曲でいえば《第一》から《第四》までと、多くの歌曲が書かれた。いわゆる《子供の魔法の角笛》による歌曲と切り離しては考えられない時代である）。次は、指揮者として急速な成功をおさめて、ついにヴィーンの宮廷オペラの総監督兼楽長として、生涯の最も輝かしい経歴を築きあげていたころ。これは一八九七年から一〇年間にわたる時期だが、その間に彼は《第五》から《第八》までの交響曲と若干の歌曲を書いた。《リュッケルト歌曲集》は、その中に入る。ここでは、《第八》を除き、ほかの器楽は、前期のように歌詞との関連をもたない。最後は一九〇八年以後一九一一年にたった五〇歳で死ぬまでの時代。一九〇七年は彼がヴィーンの宮廷オペラの監督、指揮の職を辞任した年であり、愛児をなくした年であり、そのうえ心臓の持病のため、これまでの生活ぶりを徹底的にあらためるよう医者から宣告された年である。ヴィーンの宮廷オペラから退くことは、彼がヨーロッパ大陸からアメリカに渡り、もう一度、まったく新しい大地の新しい公衆の前で仕事をしなければならない破目においやられたことを意味していただけに、これは大きな痛手だった。そうして三年たったかたたないかの間に、彼は、ニューヨークでの仕事の最中に、病いに倒れ、辛うじて懐かしいヨーロッパ大陸にたどりついて死んでしまったのである。その間に、しかし、この休むことを知らなかった求道的芸術家は、《大地の歌》と《第九交響曲》を書きあげ、《第一〇》の一部を書くのに成功した。そうして、今日では、この三つの作品に、マーラーの最高のものがみられるというのが、広く行なわれている意見といってよいだろう。

私は、ここでも、少し、まわり道をしすぎただろうか？　今度は、そうでないことを望む。私の目的は、マーラーの旋律の形成を焦点に、いかにこの人が、第一、第二、第三期を通じて成長し、充実し、ついに偉大な芸術家になったかを見るにあるのだから。

そうして、《第六交響曲》は、マーラーの第二の時期での最高の充実度をもつ作品に数えるべきものである。

ここで、私は、シェーンベルクのプラーハでの講演に戻る準備を完了したと考える。

4

シェーンベルクはこう話を続ける（以下は忠実な訳ではない）。

「この席で、マーラーの音楽に無数にみられる美しさ（Formschönheiten）について、一つ一つあげてゆくのはできない相談ですから、ここではごく二、三の点にしぼりますが、マーラーで特に注目に値するのは、彼の旋律の作り方です。あの人は、終生、調性的に書いた人ですから、対照をつくるといっても、まだそんなに多くの和声上の工夫を使うわけにいかなかった。それでいて、彼の旋律がどんなに長くなりうるか、これは信じられないほどです。もちろん、彼の場合は、ある種の和声をくり返し使わなければならないのですが、それでいて、少しも単調にならない。それどころか、かえって、主題が長くなるにつれて、終わりに、より大きな活力が生まれてくる。彼の発展を作りだす力は、平均したアッチェレランドでもって、増大してくる。したがって、すでに発生状態（Status nascendi）で存在していた主題は、ある時が経過したあとでも、疲労してしまうどころか、もっと熱気を帯びて前進してゆく。ほかの人の場合だったら、とっくに燃えつき沈滞しただろうというときでも、むしろ、そのときになって、白熱状態になって燃え上がる。

もし、これが能力（Können）でないとしたら、少なくとも、潜在力（Potenz）と呼ばなくてはならないでしょう。

この種の例が、《第八交響曲》の第一楽章に見られます。この音楽は何度もくり返し、変ホ長調に戻ってくる。それもたとえば四六の和音の上に！　もし弟子がこんなことをしたら、私は誰彼の容赦はなく、棒をひいてしまって、ほかの調性を捜したまえといったでしょう。ところが、信じられないことですが、ここでは、それで正しいのです！　これで良いのです！　このほかには、どうもやりようがないのです。規則からいったら、どうでしょうか？　もちろん合わない。だから、その規則の方を書き変えなければいけないのです」

シェーンベルクの言っていることは、マーラーの音楽の核心をついている。マーラーの音楽は、一面でいうと旋律の音楽なのだが、その旋律が、音楽の進むにつれて、精力を消費し、疲労し、単調になってくるのとは逆に、じりじりと力を増し、しだいに活気づけられてゆくのである。しかも、それはベートーヴェンたち、古典の人びとのやったのとは違ったやり方によってである。

アドルノも言っているが、マーラーのころ、つまり十九世紀末から二十世紀初頭にかけての音楽家たちにとっては、一方では旋律の発明が至上の命令なのだが、その発明の可能性は調性の枠内に留まる限り、もう残りは数え上げられるくらい、少なくなってきていた。それは「一方では分解された三和音により大きく規定され、他方ではディアトニックの2度の歩みで規定されている」のだから。「旋律上の着想よりも形の全体のほうに重点がかかっていたヴィーン古典派の時代には、そういう枠の狭さにつき当たるといったことはなかった。しかし、主観的なリート旋律の解放とともに、刻一刻と、そこに(旋律形成上の)限界が感じられるようになった。作曲家はシューベルトやシューマンのように『着想』——Einfall, 発明といっても同じであり、インスピレーションと言いかえてもいいだろう——をもつよう求められていたが、乏しい素材はすっかり汲みつくされており、生まれてくる着想は、もう、みんな、何らかの形で、すでに書かれたものだった」(アドルノ『新音楽の哲学』。私は音楽之友社の渡辺健氏の日本語訳から自由に書きかえながら引用した)。

マーラーの音楽の放射する魅力のうちの最も強烈なもの——聴く者を捉えて、全身的な陶酔の魔力の下におき、麻薬のように一種の中毒状態にまでひきずりこむ力。そうして一度その甘美な恍惚にとらえられた経験のある者にとっては、およその中毒がそうであるように、もう、これでよいといって満足することも、飽きるということもなくなり、くり返し、それを求めて立ち帰ってくるように誘うことをやめない力。この力の最大の資源は、この彼の旋律の形成にあたっての「信じられないような」能力にあるのである。

しかも、マーラーにおける「旋律形成」という言葉の意味は、音楽の形全体の上に——より正確にいえば、形体の全体の基本にまで及ぶのだが、それについては、あとでふれるとして、まず、単純な意味での「旋律形成」についての、シェーンベルクの話にもう一度耳を傾けよう。前の引用に引き続き、この十二音音楽の始祖は、こういう。

「それに、短いものを含めて、多くの主題の作られているその作り方の独特さにも注目してほしい。たとえば、《第六交響曲》のアンダンテの第一主題は一〇小節からな

譜例3

譜例4

譜例5

譜例6

る［譜例3］。その構成ぶりからいって、これは普通なら八小節の一楽節であるべきものだろう。しかし、この楽節の内部での一区別がある第四小節で、変ト音が（［譜例4］で示すように）付点四分音符（つまり八分音符三つ）でもよいわけだろうに、その倍の四分音符三つ、つまり付点二分音符に拡大されており、そのために、八分音符の音型（譜例中のc印）が第五小節までくいこんでしまっている。こうして前楽節は四小節半の長さとなる。これに見あう後楽節も、均衡をもった長さになるとすれば、全体で九小節からなる楽節になるわけである。後楽節は第五小節の後半で始まるわけだから、もしこの中にまた引き延ばしが行なわれないとすれば、第九小節で終わることになる［譜例5］。しかも、この場合は、第七小節の第一拍での引き延ばしがあったとしても、第九小節で終わることになるのであって［譜例6］、必ずしも一〇小節にならなくともよろしい。しかし、マーラーの音楽では一〇小節になっている。ということは、第八、第九小節の中で、さらに別の引き延ばしが行なわれているということになる」

5

「月並みなパターンによる旋律の形成を、以上のように回避しながら、その際、楽節の前と後の均衡の見事さ、いや、両者が互いに限定しあっているやり方、これは驚嘆に値します。これは最高度に発達した形式感の存在を証明するもので、こういうものは、ただ偉大な傑作の中にしか見られないものなのです。これは、技巧家のでっちあげといったものとはまったく違う。大家が狙った場合でも、これほどには成功しないこともあるでしょう。

これは意識のコントロールを逸脱した着想であり、天才にしか湧いてこない着想であります。天才は、これを、無意識に受けとり、そこに何かの課題があったということに気がつかないうちに、解答を与えてしまうのです」

　私には、このシェーンベルクの言葉につけ加えるものは何にもない。一つの旋律の長さが、たとえそれが主題的楽想であろうとなかろうと、一〇小節に延びていようと、八小節の紋切り型であろうと、そういうことの詮議は枝葉にすぎないと考える人は、マーラーの緩徐楽章の与える陶酔に本当に身をひたしたことのない人だろう。いや、音楽を本当に味わう力にどこか欠けたところのある人である。一〇小節か八小節か、その差異に気がついてかつかないか、それは二義的なことなのである。肝心なのは、シェーンベルクが言うように、この月並みの回避が、無類の美しさをもつ天才的着想の表われとして出てきたものであり、それが、私たちの聴くこの甘美にして哀歌的なアンダンテの感銘の全体を支配するにいたっているということを、一度は、意識にもたらす作業を惜しまないということである。私は、これを一般論としていい、また、ことにマーラーのような聴く者の精神に、いわば麻痺的に働きかける力に富んで、暗示的でしかも陶酔的音楽について、ことにあてはめて、言っているのである。

　というのも、マーラーを聴くとは、もちろん、この甘美な、あるときは苦渋に満ちた、あるときはシニックな冷笑の仮面をつけた、あるときは幼年時の遠い追憶につながるようなナイーヴでしかも夢のような生々《なまなま》しさをもった——音楽を聴くことは、それが私たちを誘ってゆく国に、私たちの身をまかせることを意味するにほかならないのはもちろんだが、この音楽をより全面的に、より全身的に受けとめるためには、聴き手である私たちは、ただ追随し、自分を忘れるだけでは十分ではないのである。この音楽には、それ以上のものが含まれているのである。シェーンベルクの指摘する、マーラーの音楽にかける旋律の形成の仕方の独自性と、大家たちといえども必ずしも成功するとは限らない、見事な紋切り型の回避を、しっかり味わうということは、実はそれが一〇小節で書かれているか八小節として書かれているかということを区別するような綿密な聴き方を通じて、次の段階に私たちを導くのである。

もう一度、［譜例3］に戻るが、私は、あすこで、この主題旋律を形成する、動機たちをa、b、c、dという記号をつけて、区別しておいた。そうして、この旋律の不規則性を形成する最初の契機、つまり第四小節での変ト音からト音に入るときの音価（音符の長さ）の引き延ばしと、同じように第七小節でのニ音から変ニ音への移りゆきの引き延ばしと、この両者では、前者は半音上行、後者では同下行の別はあるが、どれも隣接する半音の歩みでできている。ところが、この半音の移動というものこそ、実は、この《第六交響曲》の最大の眼目の一つなのである。それは第一楽章で、ティンパニの連打するリズムにのって、トランペット（それに重ねてオーボエと）が奏する二つの和音からなる動機として、出ていたものだった。もう一度言い直せば、イ音上の長三和音がそのままの位置で、ただ中央の嬰ハ音をハ音に半音下げるだけで、イ

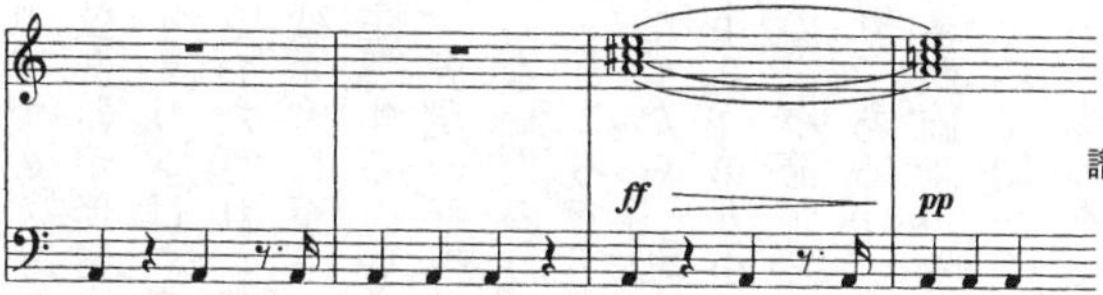

譜例7

音上の短三和音に変わるという移りゆき［譜例7］は、その中に作曲家から、悲劇的な出来事を象徴する重大な役目を与えられているのであって、マーラーはこれを運命の動機と呼び、そこに世間から与えられた打撃に耐えきれず、最後をとげるという主人公の運命を表現したがっていたのである。これは、終楽章で再現するのだが、そのときは打楽器にはティンパニのほかに、大小の太鼓が加わり、オーケストラの全楽器の斉奏の*ff*が鳴らされ、主人公に与えられた最後の鉄槌といった恰好で、マーラーの交響曲のすべての楽章を通じて、最も複雑な終楽章およびそれを通じて、この長大をきわめた交響曲を結んだのだった。

それが、この旋律でdと印した個所の、この交響曲全体での意味だった。それをマーラーが、旋律の動きを紋切り型から解放する不規則な動きの重点にしたのは、だから、単にせまい意味の旋律形成上の問題に制限される出来事ではなく、むしろ、標題楽によくある象徴的音形象としての意味をもつものだったといってもよろしい。そのうえ、あまりにも複雑になるから譜例をあげるのは避けるが、このアンダンテを多少注意深く聴いた人ならば、以下のことに気づいたはずだ。それまでの六小節を通じて、ずっと第一ヴァイオリンが主旋律を受けもち、それに他の弦楽器が伴奏するといった形で進められてきたのに対し、第七小節にいたって、ヴァイオリンは二音の*fp*で中断され、ニ－変ニの動きはオーボエ（とクラリネット）にひきわたされ、第一オーボエが旋律の第八、第九小節を独奏したあと、第一〇小節頭の変ホ音に落ちついたところで、また弦と、それから今度はクラリネットとが、音楽を主導するというオーケストレーションが施されている。以上の楽器の変化による音色と表現の転換は、一〇小節での旋律形成に少しも劣らない着想の妙と言わなければならないだろう。

ところで、シェーンベルクは、先の引用で、くどいくらいにして、半音の動きだけだったら、九小節でも間にあっただろうに、それが一〇小節まで引き延ばされたのは、第八、第九小節にも、不規則な動きがあったからだと指摘していた。この第八、第九の二小節がちょうどオーボエのソロに転換したところだというのは、今ことわった通りであるが、この二つの小節では変ニ音から全音階的に変ホ音まで順々に下行する動きが旋律の骨組になっているわけだが［譜例8］、それを旋律化する場合、マーラーはそこに細かく休止符をはさんだ特性的なリズムと、三音下りては、また半音上がるという歩みをくり返しながらやっている（［譜例3］の音型e参照）。

これも、また第一楽章の主要主題の結びを形成していたリズムの型を、ここに再現

譜例８

譜例９

したものだった（次に主要主題をあげておく。［譜例9］）。

　そのうえ、このアンダンテ旋律の全体の流れは、音型のaとcを支点として、また、第一楽章の第二主題と、まるで兄弟か姉妹のような親近な容貌をもっていることも、聴きのがすことができない（第二主題、［譜例10］）。

　こうして、私たちは、旋律家マーラーの数ある旋律の中でも、特筆に値する表情美と構成の独創性をもったこのアンダンテの主旋律が、実は三重のきずなで第一楽章と結ばれているのをみた。しかし、驚くべき事実は、まだ、これで終わらないのである。

　この交響曲の第二楽章におけるスケルツォ。ここの主題［譜例11］がまた、例の休止をもったリズムによって、第一楽章、ひいては第三楽章アンダンテと結ばれているだけでなく、トリオに当たるグラツィオーソの主題とその展開が、アンダンテ主題の第八小節のあの

譜例10

譜例11

休止をはさみながら、3度下っては2度上がるという動きのくり返しを、模倣している［譜例12］。

さらに、もう一つ。アンダンテが終わって、この交響曲は終楽章に入る。これは巨怪といってもよいような、大規模で複雑でつかみにくく、しかも壮大な表現上のクライマックスにもなっており、およそマーラーの手から生まれた器楽の楽章として、最も独創的かつ晦渋《かいじゅう》なものと呼んでもよいだろう。主要主題は、アンダンテ楽章が用意しておいたところから始められるといってもよい仕方で入ってくるのである。

アンダンテが、最後に消えてゆく少し前（終わりから第一七小節目、つまりこの楽章での第一八五小節目）第二ヴァイオリン、それから第一ヴァイオリンと受けつがれる旋律は、この楽章の主題旋律の音型のaと、cの転回とから発生したものだが——ここには、例のモティーフdに当たる半音階のすべるような移動も欠けていない［譜例13］。これを終楽章の主要主題と比べてみるがよい［譜例14］。これがまったく親近の楽想だということは、どんな耳からも逃れようがないだろう。

譜例12

譜例13

譜例14

　こうして全体を追ってみると、第三楽章アンダンテの主題旋律は、第一楽章との三重の結びつきを梃子《てこ》として、第二、第四楽章とも非常に緊密な関係に立っている。いいかえれば、この交響曲では、リズムのパターンと音程的特性と、和音（長三和音から短三和音へ）の三つを中核として、各楽章が堅固な繋がりによって結びつけられているばかりではなく、考え方によれば、この交響曲の構成上、扇の要になっているのは、第一楽章であるよりは、むしろ、このアンダンテであるといってもよいことになる。

こうしてみてくると、マーラーの複雑にして膨大な交響曲をつかむ鍵は、シェーンベルクの称賛してやまない旋律形成の天才的着想の豊かさ――それは、もちろん、私たちのような凡庸な聴き手にとっても、もちろん、驚嘆の的だった――とならんで、この旋律が、それ自体で表現的であるのと同じくらい、全曲の構造に対して核心的役割を果たしているという事実を、聴きわけてくる中にあるといってもよいのではなかろうか?

6

前述のようにマーラーの創作は三つの時期に分けて考えることができる。

そうしてわずか五〇年という短い時間しか、この地上に生きることを許されなかった、この「薄幸な」男の――Du, mein Freund, mir war auf dieser Welt das Glück nicht hold!（友よ、私はこの世では仕合わせにめぐまれなかった）――創作の第三の、そして最後の時期に生まれたのが《大地の歌》《第九交響曲》、それから未完の《第一〇交響曲》のためのアダージョとの三つの作品である。

マーラーの創造は、この期にいたって、最も高いところに達し、今あげた三つの作品は――この人が人類におくった最も美しく、最も充実した財宝といってよいだろう。マーラーの創造におけるこれらの作品の意義は、ちょうどベートーヴェンの創作の中での、いわゆる第三期の創造の時代に書かれた《弦楽四重奏曲》や《ピアノ・ソナタ》や《ミサ・ソレムニス》や《第九交響曲》らに文字通り照応する。これからあとも、多くの人間は《第三》《第五交響曲》を、《アパッショナータ・ソナタ》を、《第五ピアノ協奏曲》を、くり返し聴いてあきることがないだろうけれども、そうして、このボンの音楽家によって、十九世紀のはじめほぼ七～八年の間に書かれた音楽はすべて、ほとんど例外なく傑作の列に入るものだが、それでも一八一〇年代の終わりから、ほぼ一〇年の間に書かれた、「最後の作品たち」は、もっと高い精神的内容をもった芸術になっている。そういうように、マーラーでも、この最後の三つの作品は、Sui generis の存在以外の何ものでもない。

その三つの作品は、全部一九〇八年から一九一一年にかけての、わずか三年少々の間に書かれた。マーラーの最も簡単な伝記にも書かれているように、一九〇七年、彼は、当時五歳の、目に入れても痛くないほど溺愛していた娘を失い、ついで一〇年間身心を犠牲にして働いていた――ヴィーンの帝室オペラの総監督の地位を手放さざるをえない窮地に追い込まれる、「みんなは（オペラ）劇場を犠牲にして、自分の利益を追う。私は自分を犠牲にして劇場のためを計る。私はもう、陰謀と闘うのに疲れた。――あとに残るのは、私がこれまで夢見てきたような、一つの完結した、完全なもののかわりに、未完成の断片でしかない。それが人生の定めというものなのだろう」

――。この二つだけでも重大な打撃なのに、もう一つの運命の鉄槌が、この病的に過敏な、燃えやすく、傷つきやすい、背の低い、貧乏なユダヤ人家庭出身の男を襲う。《第六交響曲》のフィナーレで三度下される鉄槌の楽想は、彼が人生で実際にぶつかる前に着想されたものだった。「男はついに倒れる」と、これを書きあげている最中、彼は語った。芸術家の場合、運命が実際に事件の姿をとって現れるより先に、作品の中に形をとっていることは、よくみられることである。予感というよりも、むしろ、そういう運命を自分のまわりに呼び集めるような人物が、その種の悲劇的な作品を書くというのが順序なのではなかろうか？ 人は恋人ができてから、恋を知るのではない。

三つ目の打撃も、深刻で痛烈なものだった。一九〇七年六月、娘の病死に傷ついた彼は、ついでに自分の健康診断をしてもらった。そのときの医者の返事は、心臓に重大な故障があるので、生活の仕方を一八〇度転換しない限り、生命を保証できないということだった。

「友よ、私はこの世では仕合わせにめぐまれなかった。私がどこに行くのかって？ 私は、当てもなく、山に入る、孤独な心のための安らぎを求めて」

マーラーの実生活は、《大地の歌》の終曲に歌われているように、即座に、安息を求めて世界をすて、山に隠れるという具合にはいかなかった。しかし、このときを境に、彼は、自分の生命があともう数えられる期間しか続かないことを知った。たとえ今はまだ生きていても、自分が間もなく決定的に別の世界に入ってゆく人間であることを、常に自覚しているよう強いられることになった。

さっき私が、マーラーの人類におくった最も美しい、最もすばらしい贈物とよんだ作品は、ここから生まれてきた。そうである以上、この三つの音楽が、文字通り、ひとりの人間の遺言であり、ひとりの芸術家の大地への訣別の歌であったのに、何の不思議もないわけである。

そういうこととならんで、というより、それよりもまず、私は寿命が数えられたと知ったときの人間が、生活を一変するとともに、新しく、以前よりもっと烈しく、鋭く、高く、深く、透明であってしかも色彩に富み、多様であって、しかも一元性の高い作品を生みだすために、自分のすべてを創造の一点に集中しえたという、その事実に、感銘を受ける。

こういう人間が、かつて生きていたと知るのは、少なくとも私には、人類という生物の種族への、一つの尊敬を取り戻すきっかけになる。死を前にして、こういう勇気をもつ人がいたとは、すばらしいことではないか？　しかも、それとともに、これまで不撓不屈の行動力に満ち、まるで火の塊のようだった生活人としてのマーラーの方は、以来、すっかりおびえてしまって、いつも病気のことでびくびくしている人間に変わったというのである。その人が、ついに、すべてをあげて創造に打ち込んだのである。それまで、ヴィーンの帝室オペラで強大な権力を握った音楽家だった間は、夏の休暇の間しか創作できなかった。

7

才色兼備の未亡人、アルマ・マーラー・ヴェルフェルは、回想録の中で、彼女の夫が、《大地の歌》の作曲に手をつけ出したのは一九〇七年のことだと書いているが、学者の中には、それに異議を唱える人もいる。歌詞を提供したハンス・ベトゲの中国の詩人の訳詩集の出版自体が、一九〇八年のことだからである（アルマの記憶違いはこれに限らない。私には、ときどき、この人の書いたものは、しばしば現実にあったことと彼女がそうであってほしいと望んでいたこととをごく容易にとり違える傾向があったとしか思えないときがある。才気あふれ自信に満ちた美女にありがちなことだ）。

ところで三つの作品のうち、《第一〇交響曲》については、なにぶんにも、その大部分がスケッチで残っている状態のうえに、私はそのスケッチの全体を見たことがないのだから、非常に残念だが、考察からはずすほかない。

残った《大地の歌》と《第九交響曲》についてみてゆくと、この二つの作品が、これまでの作品にまして、それぞれ緊密に書かれているばかりか、両方の間に、共通のものがみられるのも当然のことだろう。私としてはその第一にあげたいことは、楽章の編成である。というと、人は、《大地の歌》は六楽章、《第九》の楽章の数は伝統的な四つの枠にすっぽり入っているのではないか、といわれるかもしれない。その通りに違いないのだが、その四つないし六つの楽章の並べ方を少し詳しくみてほしい。

まず《大地の歌》は、周知のように〈大地の悲嘆についての飲み歌〉（日本ではよく〈大地の哀愁をうたう歌〉と訳されているが、Jammer は、たとえば、聖書に Die Erde ist Jammertal「人生は嘆きの谷である」と書かれている例が示すように哀愁などという品の良い、淡い悲しみではないのである。マーラーの曲も、アレグロ・ペザンテで始まる）、一般に「詩的であるあまり」うっかりすると少なくとも読者が誤解しやすい訳が行なわれているので、以下下手を承知でなるべく逐語訳してゆくと、〈秋の中で孤独な人間〉〈青春について〉〈美について〉〈春の中で、酔っているもの〉〈告別〉という順に並んでいる。そのテンポ――というか、発想記号は、第一楽章につい で第二楽章が Etwas schleichend. Ermüdet「いくぶん忍び足で、疲労して」であり、第三楽章が Behaglich heiter「楽々とくつろいで、愉快に」、第四楽章は Comodo Dolcissimo「快適に、最も甘美に」、第五楽章がアレグロ。そうして終わりの第六楽章が Schwer「重く」で始まることになっている。この配列を、《第九交響曲》の第一から第四楽章にかけてのAndante Comodo. Im Tempo eines gemächlichen ländlers. Etwas täppisch und sehr derb「のんびりしたレントラーのテンポで。いくぶんぶきっちょに、まるで飾り気なしに」、ロンド・ブルレスケ、Allegro assai, Sehr trotzig「きわめて反抗的に」、アダージョ、Sehr langsam und noch zurückhaltend「きわめておそく、そうしていっそう控え目に」と書かれた発想記号や曲想への作曲者の指定をならべてみると、この二つの作品が、両方とも、中間に動きの烈しい音楽、あるいは活発な曲をはさんで、はじめと（《大地の歌》では、第一、第二楽章を一組に数えるとして）、ことに終わりが、暗い色彩で塗られ、重い足どりで歩む音楽になっているのがわかる。

こういう配列の交響曲としては、私たちはチャイコフスキーの《第六交響曲「悲愴」》の例を知っている。マーラーにも、この曲はなじみのものだったに違いない。チャイコフスキーの《第六》も、憂鬱な人生の嘆きの歌で始まり、間に軽快でしかも哀愁を帯びた舞曲風の音楽——それは現実の踊りというより、チャイコフスキーの心象の風景という方が正しいのかもしれない——と行進曲の変形をはさんで、最後は絶望で真っ黒に塗りつぶされた呻きの——あるいはまた、ある人びとの言い方をかりれば、墓場の上を通りすぎてゆく虚しい風の音のような——音楽となっていた。この音楽も発表されたときは、そのまったく新しく独創的な編成で、聴く人に衝撃を与えたに相違ない。

だが、チャイコフスキーがこの初演のあと間もなく死んだのは事実だが、そのとき、作曲家は自分の死が間近にあるのを知っていたわけではないだろう。あれは、たしか、彼がうっかり水を飲んだところ、その中にチフス菌があり、チフスに感染して死んだというのではなかったろうか？　もちろん、彼が、自分の死を予感していた可能性をまったく閉めだすわけにはいかないだろうし、通俗小説家だったら、チフスが流行している最中に、生水を飲むという行為の中に、なにかわけをつけたがるかもしれない。だが、要するに、私は正確なことは知らないのだから、チャイコフスキーの話はこれくらいにしよう。それに楽章編成のうえで共通点があろうと、二人の音楽はまるで違うのだ。

私は、マーラーの目前に、こういう先例のあったことを思い出しながらも、どこに、こういう楽章の配列の生まれる根拠があったかを考えてみるべきだ。それが、このマーラーの生涯の傑作がどこから来たかを知るうえに一歩近づく手段となるだろうから。かりに、今、私たちが、マーラーのように、自分の死が遠くないことを知ったとしよう。医師は、当然、生きたいと思ったら生活の仕方を徹底的に変えろというに違いないのだから、私たちもマーラーも、「では生活の仕方を変えればまだ少しは生きられる」と考えるにきまっている。最後の瞬間まで、希望をまったく捨ててしまうのは非常にむずかしいことだ。「生きるのは、あんなに美しかった！　もっと生きたい！」

死が近いことを知ったとき、私たちが悲しむのは、死への恐れという、かつて経験したことのないものに面する恐怖というより、むしろ、人生と訣別する、つまりは、かつて、私たちが愛し、自分でもそれと知らずに楽しんできたもろもろのもの、私たちの喜びと悲しみをかきたてたすべてのもの、そういうものたちから、決定的に、二度と還らぬ形で、離れてゆかなければならないということを思っての苦痛からではないだろうか？（あるいは、カトリックに改宗したユダヤ人であったマーラーには、死後の世界への恐怖もあったかもしれないけれども）。

つまり、死への恐怖は生への憧れの裏の面である。

もう一度、生きたい。生きて愛したい。青春を、愛を、自然の美しさを、心ゆくまで味わいたい！　春に酔い、秋の孤独をしみじみと味わいつくしてみたい。かつて、自分はあんなにひとりぼっちだったが、しかし、今にしてみれば、その孤独の中で、自分はいつもよりずっと充実して生きていた。それが、間もなく、許されなくなる。生きたい、もう一度！……

いつの間にか年を重ねてきた今となって、聴くたびに、この音楽の中から、私に聴こえてくるものは、この声だ。

これは結局は、私の勝手な想像の所産であるかもしれない。私には、彼の音楽が、そうすることを望んでいるように思われる。「私は、こんなにはっきり言っているではないか。それが、君たちには聞こえないのか？」と、彼から呼びかけてくる声が耳に入ってくるような気がする。

どうしてだろう？　マーラーの音楽のプログラム性については、本人自身ももてあまし、ときによって、こう言ってみたり、ああ言ってみたりしているのは周知の通りである。問題がこみ入ってくるのは、マーラー自身の、音楽の捉え方が二元的であり、一つにまとめることが不可能だったからである。

彼は、一九〇九年になっても、こういう手紙を書いていた人である。

「一体全体、私たちの内部で、考えているものは、何なのだろう？　私たちの中の何が行為をするのだろう？　実に不思議な話だ！　私は音楽を聴いていると――たとえ、自分で指揮している時でも――自分が抱いている疑問に対し、〔音楽から〕完全にはっきりした返答が聴こえてくる――私にはなにもかもはっきりわかり、確信がつく。というより、もともと問題などなにもなかったのだとすっかり納得がゆくのだ」（ブルーノ・ヴァルター宛のニューヨークからの手紙）。

「私はこのところ（一年半以来）非常にたくさんの経験をくぐりぬけてきた。それは話そうといっても、とても話せるものではない。こんなにものすごい危機については、それを言いあらわそうというのが、そもそも、無茶な話なのだ。私はあらゆるものをまったく新しい光の中で見、不断の動きの中に生きているから、突然気がついてみた

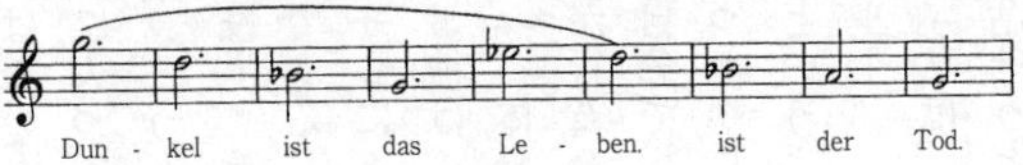
Dun - kel ist das Le - ben. ist der Tod.

譜例15

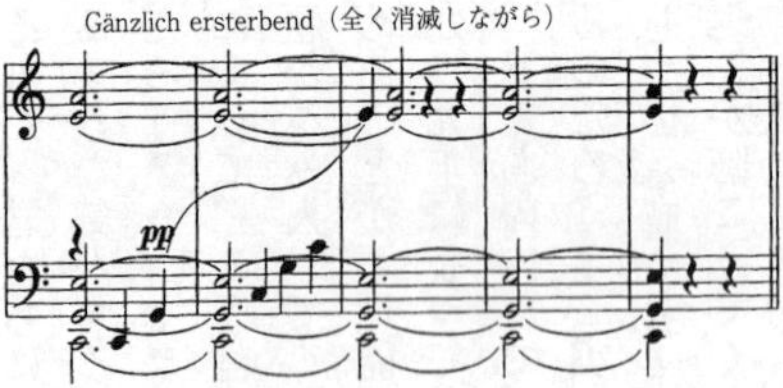
Gänzlich ersterbend（全く消滅しながら）
pp

譜例16

ら、新しい肉体の中にいたとしても（終わりのシーンでのファウストみたいに）不思議とは思わないだろう。私はかつてないほど、生命に渇《かつ》えており、〔生きるうえでの習慣〕を、前よりずっと、愛《いと》おしく思うようになっている。……自分自身のことは、日がたつごとに、気にならなくなっている。そのくせ、毎日の生活の中で、昔からの千篇一律の習慣は、未だにくり返しているのが、ときどき、なぜだかわからなくなっています」（前と同様一九〇九年のはじめにヴァルター宛に書いた手紙の一節）。

これが《大地の歌》と《第九交響曲》を生みだすとき、その母胎になっていた精神状態である。死が間近いのを知っているからこそ彼は、「かつてないほど」生に渇え、餓《う》えているのである。

「いまこそ、盃をとろう！　仲間よ！　今こそ、その時だ！　おまえたちの黄金の盃を、底まで飲みつくすがよい。生は暗く、死も暗い！」［譜例15］。

《大地の歌》の主調は、この五音音階の上に築かれる（シューマンの《交響的変奏曲》の主題との驚くべき類似性！）。と同時に、この六つの歌からなる交響的作品では、全曲の最後を結ぶｃ－ｅ－ｇの三和音とそれに6度のａを付加した四つの音に、一種の音列的な役目を与えられており、その姿が——あるいはこの順で、あるいはその反行、または逆行の形で（もちろん前の例のように移調も含めて）出没しながら、全曲を統一するかなめとなっているのである［譜例16］。

生の暗さは死の暗さの反映であるとともに、その裏返しでも、逆でもありえよう。

8

いや、このｃ－ｅ－ｇ－ａの四音からなる音列は、単に姿を現したり隠れたりするというのでなくて、二十世紀の初頭の傑作から私たちのところに送られてくる信号の核心であり精髄なのである。

すでに、曲の開始が、それを明らかにする［譜例17］。

四本のホルンの*ff*で始まる強烈な呼びかけに第一ヴァイオリンがこたえる。ホルンはイ短調で反行の上昇形をとっているが、それに対応しながら、ヴァイオリンが原型でラ・ソ・ミ・ドと下行して対応する。

譜例17

譜例18

総じて、この曲では、旋律的形姿の基本が勢いよく上昇していったあと、その頂点で下接する音に移ってから（つまり2度下行する）さらに先に進むという型を踏んでいるのが、注目される。ハ調にまとめ、かつ簡略化して、ド・ミ・ソと上がって、ラ（！）にとどまり、そこからラ・ソと下行して、次に移るといってもよいだろう。

開始から、ごく手近な例をとって、二つほどあげておこうか（［譜例18(a)、(b)］）。

旋律は、精力的に上昇する。しかも、くり返し、かなりの大股びらきの飛躍でもって上昇しさえすることも珍しくない。そこには新しい開始もあり、また、反行のときもある。しかし、いつもその頂点で止まることができず、下行する。まるで、勢いよく階段を跳ね上がってきて、高みに立ったとたん、目まいに襲われ一段下がって、あやうく踏みとどまったとでもいってみたくなるような具合

譜例19

に、あるいは何か恐るべきものの来襲の気配にふれて、思わず腰をかがめようとしたかのように……。

第一曲を結ぶものは、〈生は暗く、死は暗い〉という苦い認識——分散和音の下行と、2度ずつの下行の結び（［譜例15］参照）——であった。続く第二曲〈秋の中で、孤独なもの〉では、上昇のエネルギーは、はじめからもうみられない［譜例19］。

オーボエの哀歌が始まる。ニ短調だが、ここでも、最初の楽句はラ～ソ・ミ・ドの四つの音符だけで構成されている。その下で、第一ヴァイオリンが弱音器つきで、小声で呟く、こういう音型は、モーツァルトによくみられたものである。たとえば、《フィガロの結婚》の序曲、あるいは《後宮よりの誘拐》のそれ。だが、あすこにあったものに比べ、ここで聴かれるものからは、何と違った声が聴かれるだろう。ただ、これはおそらく、自然の中を歩きまわることの中につきることのない慰めを見いだした耳の不自由な音楽家の散歩道に沿って流れていた小川の呟きに変わったとき（《第六交響曲「田園」》の第二楽章）、すでに、モーツァルトのときのきらめくような輝きから、やわらかな慰藉の声に変わってしまっていたのだろう。そうして、その流れをく

譜例20

んでシューベルトが、《水車屋の娘》その他で、同じように、流れてやまない水の流れの音楽的象徴としてとらえたとき、そして、これから修業時代を終えて広い世界に出る青年の大きくふくらんだ希望と憧れの道ずれであったときから最後の水死体への鎮魂の歌を奏でる永遠に忠実な葬い人の声に変化する間に、この音型が私たちに伝えるメッセージの内容には、本質的な相違が生じてしまったのだろう。マーラーは、その線の延長上で、この囁きをとりあげる。マーラーが、シューベルトからひきついだものを正確に見定める仕事は、私の当面の仕事ではないが、この両者の間に緊密なつながりがあったことは、私のこの小論のはじめにふれたところだ。これに関して、今、この場所で、指摘しておくべきことといえば、この交響的歌曲集の大地の嘆きを歌った第一曲の冒頭にあったホルンのモティーフと、今ここで私たちの聴いている第二曲の背景を常に彩っているヴァイオリンの囁きの音型とを結びつけた型が、シューベルトの《ロ短調交響曲》のはじめにあったという事実だろう。

いずれにしろ、第二曲は、このヴァイオリンの、まるで落葉で深く埋められた林の中の小径をゆくようなやさしい柔らかさに満ちた呟きのうえにくり広げられる、ド・ミ・ソ・ラの音からなるオーボエの孤独な嘆きで始まり、そうして終わる。ただし、終わりの楽句にミとドの間に（ニ短調なのでfとd）、レ（つまりe）がはさまり、これがはさまることによって、旋律は、悲嘆の中にも、かすかなやすらぎを獲得する。といっては言いすぎなら、やすらぎへの傾斜を予感させる［譜例20］。

9

私には、以上の調子で、残りの楽章のすべてにわたってみてゆくだけの余裕はない。曲中、規模のうえからだけでなく内容的にも、おそらく第一楽章とならんで、最も重要である終楽章についても。

それにしても、この終楽章が、〈告別〉と名づけられているのは、偶然ではない。この《大地の歌》そのものがマーラーの大地からの告別の音楽にほかならないのだ。それが、とりもなおさず、「生」そのものからの別れであったかどうか？　《第二交響曲「復活」》以来、絶えず、永生への信仰の獲得とその確保に必死の努力を傾けてきた、この改宗したユダヤ人音楽家が、人生の終わりに近づきながら、どんな信念をもって創作と取り組んでいたか。永生を彼が信じていたのかどうか。

終楽章の歌詞は、友人と別れをつげて、故郷へ帰る、と読まれる。「私はもう二度

譜例21

譜例22

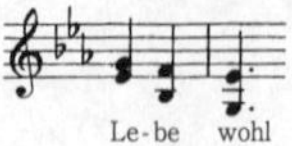

譜例23

と遠くへさまよい歩くことはしまい。私の心は静まり、その刻（死の時）を待ちうける。愛すべき大地は、いたるところ、隈なく、春に萌え、新たに緑をつけている。いたるところ、そうして、つきることなく、はるか彼方には青み輝いている。とこしえに、とこしえに」［譜例21］。

これらの旋律が、第一曲［譜例18の(b)］や第二曲［譜例20］と同じ旋律の核から発生したものであることは、ことわるまでもないだろう。大地の嘆き、孤独の歌、そうして大地からの告別、これらはすべて、一つにして同じものの変形にすぎないのである。そうして、「とこしえに、とこしえに」の結びは、この旋律の発生の源を、ついに明らかにする――［譜例22］。

これがベートーヴェンの作品八一－aの

《ピアノ・ソナタ「告別」》(Lebewohl) のモットー［譜例23］からの引用であることは、明らかだ。その旋律は最後にいたって、中断した形で、まるで青い空の彼方にとけるように消え去り、和声はド・ミ・ソの主三和音に6度のラ音を付和した形で、終結する（［譜例16］参照）。これは、私にはあたかも、まだ真の終わりに達していないのだから、たとえ訣別はしても、まだ、もう一度回帰してくる希望のすべてが閉ざされきったわけではないことを暗示しているかのように響く。「終わりではない。大地との別れは、けっしてすべてとの訣別ではないのだ。これはしばしの別れにすぎない。何かが残るはずだ。何かがまだあるはずだ」

《第九交響曲》は、この《大地の歌》から生まれた。いや、この二作は双生児だった。私たちには、両作の着想がいつどういう順序で、マーラーの頭の中に生まれ、醗酵していったかについての詳細は、わからない。しかし、この二作は、一方が書けてから他方が着手されたという具合のものではなかった。この両作の根本のモティーフの間に存在する共通性は、私たちに疑いようのない形で残されている。それは、単に似ているとか影響があるとかいうのを越えて、直接、つながりあっているのである。
《第九交響曲》の第一楽章がマーラーの手によって書かれた交響音楽の最高のものだ

というのは、すでにアルバン・ベルクがいい当てている。ベルクの文章はおそらく、これまでこの楽章についていわれたものの中で最も徹底した透視性をもつものといっていい（その大要は――完全な形でなくて残念だがヴィニャル『マーラー』海老沢敏訳、白水社。二六八ページにおさめられている）。それから、また、この楽章の構造については、私の知る限りでは、エルヴィン・ラッツのした分析が最もすぐれたものだ（エルヴィン・ラッツ『楽式の問題について』。これは、前にあげたシェーンベルクのプラーハでのマーラーについての講演を収録した本『グスタフ・マーラー』に載っている）。ここでその詳細を紹介することはできないが、スコアをもって研究する余裕をもつ人たちのご参考のために、その鳥瞰図だけをひいておくと、この楽章は、おおよそのところでソナタ形式をとっていて、次のように要約できる。

(1) 提示部――一〇七小節

第一〜第六小節	導入		六小節
第七〜第二六小節	A^1	}	二〇小節
第二七〜第四六小節	B	}	二〇小節
第四七〜第七九小節	A^2	}	三三小節
第八〇〜第一〇七小節	終結グループ（b、d）		二八小節

(2) 展開――二三九小節

第一〇八～第一四七小節　導入　四〇小節
第一四八～第二〇三小節　Ａ＋終結グループの変奏　五六小節
第二〇四～第二六六小節　Ｂの変奏　六三小節
第二六七～第三一三小節　Ａ＋終結グループの変奏　四七小節
第三一四～第三四六小節　復帰　三三小節

(3)　再現――一〇八小節
第三四七～第三七一小節　Ａ　二五小節
第三七二～第四〇五小節　終結グループとｄの代わりにＢからとったカデンツ　三四小節
第四〇六～第四五四小節　コーダ　四九小節
計四五四小節

ところで、最初の導入の六小節には、この楽章の重要なモティーフが次々と示されているのだが、それを一覧表的に示すと次のようになる［譜例24］。

この③が《大地の歌》第二曲の主題と同じ音の柱で書かれていること（嬰記号を仮にはずして考えると、両方がファ・ラ・シ・ド・レの音からなっており、シをとれば、ニ調のド・レ・ミ・ソ・ラであること）を指摘する必要があるだろうか？　同じく②にあたるものはニ長調をハ長調に移して読めば、ミ・ソ・ラ・ソであること。それか

譜例24

譜例25

譜例26

ら、私は前に引用はしなかったが、④の嬰へとイとの間のトレモロは《大地の歌》では第二曲に始まって、第六曲の終楽章にいたって絶頂に達する中心的な音型の一つと同じものなのである。

四番目に、この交響曲が《大地の歌》に劣らず、「告別の音楽」であることは、終楽章にいたるまでずっと一貫して聴かれるのであるが、このことは、まず一楽章の以上の六小節の導入が終わって、主要主題が第二ヴァイオリンで提示されるとき、それに同伴して対位旋律を奏するホルンの中で、すでに、あのベートーヴェンから引用した《告別》のモティーフの鳴らされるところからも、疑いようがない［譜例25］。

この引用楽譜の下段の第三、第四小節に出ているのが、それである（［譜例23］参照）。これは、第一楽章を通じて再三、特徴のある音楽となって、響いてくる。その中で、私に特に印象的なのは、一つは第二四六小節（学習用スコア〔13〕のあと）以下の次の個所［譜例26］であり、いま一つは、コーダに入ってから（第四二〇小節以下――ということは、もう終わりに近い）第二、第三フルートで奏されるものである。これは《大地の歌》で最後に「永遠に、永遠に」とくり返しながら消えてゆく声を思い出さずにはおかない。そのうえ、この《大地の歌》の最後の情景と、このコーダとの共通性は、最後の和音が、ピッコロと弦がすべて音のフラジョレットを奏し、ホルンがfisとaを保持する中で、オーボエだけが、モレンドではあるが、それに先立つ四小節からずっとeの音を鳴らし続けている点にもみられる。こうして、この楽章では、6度ではないが、ニ長調の主三和音の第一転回、fis－a－dに、2度のeがはさまっている。ここでも、完全な協和音の中で消えてゆく解決、終止は望まれていないのである。

ところで、二つのフルートが《告別》のモティーフを奏する間、第一フルートはそのはるか高みを飛翔していて、一点dからオクターヴ飛んで二点dにいたったのちに、さらにes－f－asと高みにのぼりつめたあと、ges－f－d－cis－h－a－g－fis－es－

譜例27

d－b－a－gesとゆっくりと、そうしてきわめて不規則なリズムで、二オクターヴ以上にわたり、下行してくる。この動きには、告別の無限の悲哀を慰める小鳥のはばたきのようなニュアンスが満ちている［譜例27］。

私は読者の注意を別々にひくために、以上の二つの運動を、わざと切りはなして書きとって提示してみた。両者が同時に生起し、この間に論理的心理的連関のあることは、いうまでもない。

11

それにしても、この《第九交響曲》が、十九世紀末から二十世紀初頭にかけて書かれたすべての音楽の中で、際立った名作であり、今、私たちの目からすれば、最高の作品の一つにしか数えようのない所以は、何も、以上見てきた《告別》のモティーフの引用と、そこにこめられたベートーヴェン以後比類のない、変奏による表現の肉薄性と迫真性の獲得によるだけではないのである。

譜例28

改めて、この交響曲の第一主題に耳を傾けてみよう。この一一小節の前楽節と九小節の後楽節からなる、全部で二〇小節の長さをもつ主題は、前にふれた導入部の原モティーフの展示の中の第五番目のものから発展したわけだが（［譜例24］参照）、ここには、表情の親密さと強烈な浸透性との驚くべき融合がみられるといってはいけないのだろうか？［譜例28］

この旋律は、前にシェーンベルクが《第六交響曲》について語ったのと同様、旋律の形成によって、望むことのすべてを表現するにいたったこの大音楽家の風貌を、まぎれもない十全な姿で伝えるにふさわしい。ことに変奏しつつ、表現価を高めてゆく反復の仕方は心憎いばかりの練達ぶりと呼んでもよいだろう。たとえば、転回の使用による反復と変化の作り方のすばらしさ。これは、マーラーが、普通思いこまれているような感傷過多の耽溺型の、非意識的な音楽家から、いかに程遠い「芸術家」であったかを示す適例といってよい。しかも、ここでは、「芸術」が心情の「真実」とぴったり肌と肌をあわせて、一つの「悲しみの中の歓び」とでもいった境地をつくりだしているのである。いや、悲しみの歓びという言葉は、あのゲーテ Wonne der Wehmut を連想させる。これは、しかし、ゲーテの恋の涙にむせぶ歓喜とは、似ても似つかない。ベルクの評語こそ内奥の秘密に最も肉薄するものだった。ベルクは、こういったのである。少し長いが、やはり、ここで引用しておくことにしよう。私のみたテクストは、H・F・レートリヒ『アルバン・ベルク』(一九五七年)にあるもので、ベルクが当時まだ許嫁だったベルク夫人宛に書いた手紙の一節である。

「……僕はもういちどマーラーの《第九交響曲》をずっとひいてみた。この第一楽章は、マーラーの書いたものの中でも、いちばんすばらしいものです。これは、大地への未聞の愛、平穏に地上で生きていきたいという憧れ——死がくる前に、それを、つまり自然を最奥の深所にいたるまで、あますことなく味わいつくしたいという憧れ——の表現なのです。何といっても、死の訪れはとめようがないのだから。この第一楽章全体が、死の予感を土台に作られている。死の予感はくり返し、くり返し訪れてくる。すべての地上で夢みられたものは、その中で頂点を極める(その際、このうえなくやさしい個所のあとには、いつも新しい昂揚がほとばしり出すような高まりが来るのだけれど)。その高まりのいちばん強烈なのは、いうまでもなく、死の予感が確実な事実と化するものすごい個所で、それは痛ましい限りの生の愉楽のまっただなかに『力の限り』(höchste Kraft) と囲まれているところ〔注：スコアの第三〇八小節以下〕『この上ない暴力で』(höchste Gewalt)〔注：スコアの第三一四小節。前記の分析表で展開部の第五部、再現への復帰として示された部分の始まり〕死が到来を告げるところです。それに加えるに、あの身の毛のよだつようなヴィオラのソロとヴァイオリンのソロの個所とか〔注：スコアの第三七六小節以下。ミステリオーソの楽段であろうか？〕鎧を着た死の姿ともいうべき騎士的な〔勇壮活潑な〕響きがある。こういうものには、手も足も出ない。このあたり以後おこるものは、私には、諦念のように思われる――『いつも彼岸への思いをもって』『ミステリオーソ』の個所で、まるで、すごく稀薄な大気の中にいるように――まだ高山の上で――そう大気の稀薄になった空間の中みたいな気がしてくる。それでも、もう一度、これを最後と、マーラーは大地に向かう――といっても、もう闘争や行動ではなく、すでに《大地の歌》の中で半音階的なモレンド〔注：前述の終楽章の終結である〕でやったみたいに、自分から虚脱して下降するというのでなくて――ただもうひたすら自然に向かうのです。大地がまだ彼に、あとどのくらいかは、わからないが、その宝を提出する限り、彼はそれを享受しようと望む。すべての不便、不快から遠くはなれ、自由にして――ゼンメリング〔注：オーストリアのアルプスにある峠の名。マーラーは、ここに土地を購入したが、ついに住むことなく死んでしまった〕の稀薄な大気の中に住まいを定め

（これは第１楽章の結びから８小節手前の第２、第４ホルンの部分）

譜例29

――この最も澄みきった大気を胸いっぱい吸い込もうとするのです。時とともに、ますます深く深く呼吸しながら［譜例29］この心が、あくまでもひろがってゆきますように」

ベルクのこの手紙は、マーラーが一九一一年五月一八日に死ぬほぼ一年前に書かれたもので、当時この交響曲は、まだ自筆の原稿の形で存在しているだけだった。印刷になったのも、ブルーノ・ヴァルターの手で初演が行なわれたのも、それから一年後の一九一二年のことである。ベルクの手紙そのものは、元来が感激耽溺型の芸術家のペンから流れ出たものであるうえに、彼と最も親愛な間柄にいる許嫁にあてたものという条件もあって、文法的にも少し無理があるし、理屈として整っているというより、直観的な文章の連続であるが、しかし、ここにいわれていることの真実味は疑いようがない。くり返すが、私には、およそ、それこそ、この楽章を論じて、最も作品の奥深くまで眼光のとどいたものと思われる。

たしかに、ここにあるのは、大地――つまりは生――への無限の愛着と、それから死の確実な予感である。そのことは「身の毛もよだつような」無気味な暗示的な楽句と、それから「兇暴な力の限り」をもって行使される激烈な闖入という二つの極から、いわばはさみうちのような形で開陳され

譜例30

譜例31

ている。無限の愛の憧れと万事に終止符をうつ死の到来のカタストロフとが共存する音楽。この二つが一つのものの中にあるからこそ、それぞれのあり方がいっそう痛切になってくる、そういう音楽。そこには、また、葬送の行進を誘導する響きも、欠けていない［譜例30］。

この想念には、ティンパニの重い足取りが同伴するが、これは導入部で示された原モティーフの中の第二の変形であることはことわるまでもあるまい。葬送の足どりはバッソ・オスティナートとして執拗に反復される。同じ場所のトランペットの音型についても、最初提出されていたときの、騎士的な活潑な弾みのついた勢いを思い起こしてみると、ベルクが、これを厳重な甲冑の装いをつけた死の使いと見たのも、うなずけるのである［譜例31］。

この鎧に身を固めた死の騎士の出現によって音楽はアレグロ・リゾルート「Mit Wut」（憤怒をもって）の部分に突入するのだが、私はこのほかに、「憤怒をもって」という発想記号のついた音楽が、ほかにあったかどうか寡聞にして知らない。この情景は、私たちにデューラーの描いた騎士と彼にまといつく死の姿を連想させずにはおかないが、ここでは前景に大きく立っているのは重武装した死そのものとの生死をかけた白兵戦であり、格闘だといってよいだろう。

12

この稀有の音楽で満たされた第一楽章は、私にはまだ立ちさりがたい想いに誘うものがいくつもある。しかし、今は、次に進む時だ。ベルクではないけれども、私たちにはそれぞれ、いつか、すべてをあとに残していかなければならない時がくる前にすませておかなければならない仕事というものがあるのである。

《第九交響曲》については、第一楽章に比べて、そのあとの楽章、特に中間の第二、第三楽章が弱いという評者も少なくない。そうして、最終楽章にしても、ついに、第一楽章の充溢を支えるもう一つの柱とはなっていない。つまり、この交響音楽は第一楽章をもって、クライマックスを極めてしまい、あとは坂を下るだけだ、と。

事実、さすがのマーラーも、続く楽章の中でもって、第一楽章をひきついで、それを拡げ、死と生の間の空間にあるものについて語ったり、歌ったりすることは困難だったらしい。

第二楽章は、マーラーが、ブルックナーに引き続いて愛用した、素朴なレントラー

譜例32

のスタイルを借用したものである。もちろんブルックナーと違い、ここでの「素朴さ」は「やや無器用に、そうしてそっ気なく」という発想記号から読みとれるように、もっと洗練され、意識化された精神の世界になじんだものが、復帰しようと努力した素朴さの音楽であり、一種の「うしろめたさ」がつきまとう。

初めてこれを聴いたとき、私はとたんに、《大地の歌》の終楽章を連想したのを記憶している。その当時はまだ、私は、この両作の間に、こんなに深い精神的そうして芸術的（技術的）連関があるとは、まだ、思ってもみなかったのだが［譜例32］。(a)は《大地の歌》の《告別》に、そうして(b)はこの楽章の冒頭に出現する。ともにクラリネットで奏され、その独得の柔らかで空洞の感じのある響きが「うつろな深さ」とでもいったイメージを生む。

この楽章の中間部では、大きな飛躍をもった旋律が、すでにマーラーの足もとまで来ていたシェーンベルク、ベルクたちのいわゆる新ヴィーン楽派の旋律の形成を予言している。事実、

譜例33

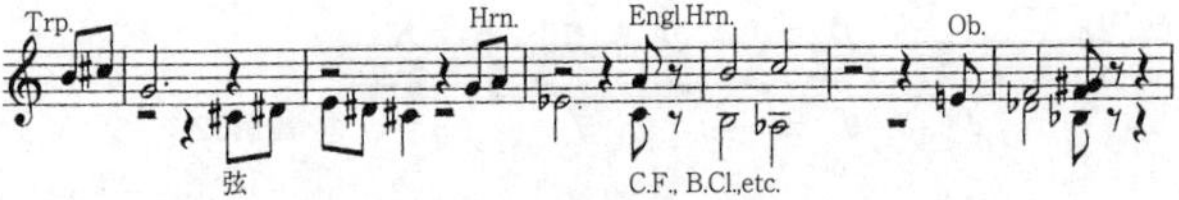

譜例34

ここからベルクたちまでは、紙一重だった。

そこから、また、ここでは、第一楽章の原動機が随所にみられるほか、《告別》のモティーフも欠けていない（スコア〔26〕の四小節前から）。それもホルンを使い、ベートーヴェンと同じいわゆるホルン5度の和音の配置も、そのままに［譜例33］。

第三楽章のロンド・ブルレスケも、このベートーヴェン的な《告別》のモティーフから開始される。ただし、ここでの3度の連続は、いろいろに変形され、変貌されて出現する［譜例34］。

音楽のスタイルは一変しているが、これも《告別》の想念から生まれてきたのである（また、これらの変形された小音型たちは、第一楽章に発しているものが大半だが、その連関を詳しく追求することはもう省略したほうがよかろう）。

この楽章の、もう一つの特徴は、中間変イ長調に転じたところで、第四楽章の中心主題が先取りされて出現し、さらに続くニ長調の部分で、まるでコラールの主題のように扱われることだろう。このブルレスケからコラールへの転換が、果たしてマーラーの意図した通りの効果を生み出したかどうか。この楽章

譜例35

の成否は、一にかかってそこにあるのかもしれない。それは、また、続く終楽章の予告であると同時に、ブルレスケの形をとった《告別》の中での、大地によせる愛着の発露、あるいは愛に満ちた振り返り、あるいは大地の賛歌でありえたのかもしれない。

いずれにしても、この短い回旋音のグループが、終楽章のアダージョの主題的楽想の中核動機となるわけだが、それはまた、こうして用意されたものであると同時に、すでに《大地の歌》の終楽章の冒頭以来、まるで、私たちをこの終楽章の世界へ先導する「松明《たいまつ》」ででもあるかのように明滅していたものだった（**譜例35**）の(a)、(b)、(c)、(d)（この楽譜の(a)と(b)は第三楽章、(c)は《大地の歌》の終楽章、(d)は《第九》の終楽章の冒頭である）。

こうして、私たちは、ついに、《第九交響曲》の終末点に到達した。先もふれたように、アダー

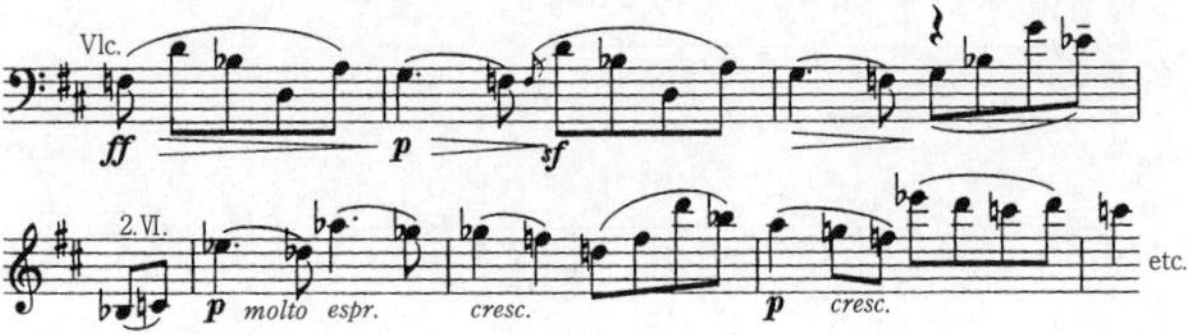

譜例36

ジョ終楽章は、あの巨大で充溢していた第一楽章アダージョ・コモドと十分に拮抗するだけの規模と性格をもっていない。そのカウンターバランスと成りえていない。

もし私が少々強引を承知で論をたてるとすれば、そのことは、この終楽章の主題的楽想が、第一楽章では、多くの中の一つの位置しか占めてないものから生まれたのをみてもわかる〔譜例36〕。

これは第一楽章の第五四小節（スコアで〔4〕の三小節手前）からのチェロと第二ヴァイオリンの旋律の引用で、エルヴィン・ラッツの分析に従えば、提示部の主要主題群に属する新しい楽想ということになる。回旋音のフレーズは、私の引用した部分の最後のフレーズに出てきているわけだが、そもそも、この旋律の出発点は、導入部にあった例の基本モティーフの一覧表〔譜例24〕の中の③に由来することも、ここで念のため注意しておこう。

それにしても、なぜ、終楽章アダージョがバランスの一方の極として、冒頭楽章に対抗する由もない短いものとして書かれたかは、ここの音楽の、いわば純一にして単一な性格にかかわっている。ここでは、今や、対立はないのである。ベルクが「闘争や行動によってではなく、ひたすら大地に、自然におもてを向ける。あとどのくらいの時間が許されるかはわからないにせよ、大地の提供する恵みを、そのまま享受しようと望むのです」といったとき、彼は、もちろん、第一楽章のコーダに関連して考えていたのであるけれども、同じようなことは、むしろ、終楽章によりよくあてはまるのではないだろうか。終楽章全体が、ひたすらなる受身の享受姿勢で一貫しており、それ以外のものといえば、彼が向きなおって対面しようとした、その相手、つまり「大地」でしかない。あの青い輝きのかなたで、はてしなく拡がり、永遠につきることなく横たわっている大地。人間の諦念より、もっと強く永遠のものである［譜例37］。

ハープとバスクラリネットの3度のゆるやかなトレモロは、これも《大地の歌》の終曲で私たちの耳に永遠に、聴こえることなく刻みつけられたものだし、低音コントラバスの音型は第二楽章の装われたレントラーからきたもの。そのあとをさらに、第一楽章の第一主題群の二番目の楽想（あすこでは第二九小節から二短調で始まったのだったが）がロ短調でバスクラリネットにのせられてかすかに影のように横切る。

そう、すべては、はるかな地平のかなたの青い輝きの前で、生起する影のような存在に変わってゆく。大地は美しかった。

譜例37

そうして、死が確実にくるものである以上、大地からの別れも、また、逃れようのない必然である。どんなに苦しかろうと、不条理に見えようと、終わりはこなければならないのである。

コーダに入って、まるで、きわまりのない空の高みに向かって吸いこまれるように上っていた音たちの薄いヴェールのような、雲のような響きの下で、《告別》のモティーフが各楽器の間をぬってくり返される。ただ、それが、ここでは、もう一音つけ加えられて、４度の順次下行進行になっている。それに付点音符つきのリズムをもって。それを聴いていると——これは、たぶん、私の感傷的な連想の仕業に違いないのだが、私には「Caro mio ben」（わが愛するものよ）のあの旋律が声にもならぬ呟きとなっているのが、聴こえてくるような気がしてならないのである［譜例38］。

譜例38

《告別》のモティーフにすがりながら、絶頂からおりてきた音たちは、澄みきった高音と深い低音との中間の空間で、ためらいながら、消えてゆく。天空、大地、生命、愛、そうして死。

13

このあと、表現すべき何があるのだろうか？

どうやら、マーラーには、まだ何かが残ったらしく思われる。いや、そのことは《第一〇交響曲》のスケッチが、疑問の余地のない形で、私たちに示している。

そうして、少なくとも――ほとんど完成状態にあった――アンダンテ・アダージョの第一楽章は、《大地の歌》の作曲家にふさわしい傑作であるというのが、大方の定評である。

たしかに、この曲に言及する猫も杓子も言うように、ブルックナーの同様に未完成のまま終わった《第九交響曲》のアダージョの主題との類似があきらかな冒頭主題。その言いようもなく荘重で痛切な表現力以下、この音楽は《大地の歌》と《第九交響曲》に続いて、またしても、一つの巨大な作品の誕生を保証している。

譜例39

だが、マーラーには、それを仕上げるに必要な時間が与えられなかった（あと一年？　それとも何か月かあればたりたのだろうか）。

私には、この主題がブルックナーのそれに似ているなどという点よりも、むしろ、ヴィオラの長大なソロで開始されるという、およそ、それまでの交響曲の構造の常識から、破天荒のやり方による導入と、それから、主要主題が転回されて、憂愁をたたえながらも、より流麗に歩んでゆく副主題へと、目をみはらずにいられないような転身をとげるのに成功している点のほうが、はるかに注目をひくのである（これも私の発見でも何でもないが）〔譜例39〕(a)、(b)。

マーラーについての現代の最もすぐれた学者のひとりであるレートリヒは、今みた主要主題と副主題が同一楽想の、いわば表と裏のような関係で成立していること、それから9度、10度といった大きな音程の飛躍をもった旋律形成という二点だけでみても、マーラーの《第一〇交響曲》は「後のシェーンベルクやベルクの音楽の中に創造的なエコーを見いだすにいたったことに疑いはない。マーラーの最終的な交響的告別〔注：第一〇のこと〕の一つ一つの小節が、この人たちの音楽の到来を感じさせる」と言っている（H・F・レートリヒ『ブルックナーとマーラー』、一九六六年）。

その通りなのだろう。

私には、もう一つだけつけ加えたいことがある。それは、マーラーの音楽には――それは晩年のこの三つの交響作品を聴くことによって、ついに、私には疑う余地のないものと思われるようになったのだが――非常に強烈で熱烈な宗教的な性格が存在していること。そうして、この宗教性はシェーンベルクとベルクにもまたみられる共通性であり、彼らの音楽の基本にあるものだということである。もちろん《モーゼとアロン》と《ユダヤ詩篇》の作曲家、《ヴォツェック》と《ルル》の作曲家、それぞれにおける宗教性のあり方は、マーラーのそれとともに、三者三様であったのはいうまでもないけれども。

マーラーのは、あくまで十九世紀後半から末にいたる中央ヨーロッパの精神界の動きと切っても切り離せないものであり、彼自身がいつか告白していたように、彼の音楽は、ほかのどんな音楽家よりも、むしろドストエフスキーの小説に近い精神的風土に根ざしていたのである。そうして、私は何もマーラーが時代の子であり、あの時代のあの地域に生まれ育った芸術家だから、こうなったと平面的に演繹して考えているわけでないことは、ことわるまでもないだろう。現に、誰よりもマーラーと同じ時代精神を共有していて不思議でない、もうひとりの天才音楽家R・シュトラウスは「音楽家が魂の救済を考えなくては作曲できないという話は、私にはまったく理解できない」と、述懐していたのは有名な話である。

しかし、マーラーには不可欠だったのだ。マーラーには、そうでないのなら、人がなぜ創作しなければならないのか、わからなかった。

その彼が、「大地との告別」を書きあげたあと、最終的に直面したものが、「宗教」の問題だったろうというのは、私にも想像のつくことである。いや、マーラーの《第一〇交響曲》は当然宗教との対決の場となるべきだった。作曲家は、事実、《第一〇交響曲》の中の一つの楽章を「プルガトワール」あるいは「インフェルノ」と題していた。

しかし、私には、ここまでがすでに想像であって、その先は、空想するしかない話になる。私は空想は嫌いではない。しかし今は、それをするべき場所ではないだろう。宗教的な作曲家。その意味ではマーラーは現代の芸術家というより、もっと別の時代の人間のような気がしないでもない。しかし、私には、これが、少なくともすぐれてヨーロッパ的な意味での人間＝芸術家として、正常なあり方ではないかと考えられるのである。そうして、その意味では、十九世紀と二十世紀のはざまに生きた人間であったマーラーは、芸術家としては、いつの時代に属するというよりも、永遠の存在のひとりとなるべきだったというべきでないだろうか?

ヴァルターのマーラー

私たちのような職業の人間は、運動不足になりやすい。それで、私はつとめて散歩したり、自己流の体操まがいのことをやって身体を動かす。

NHKのTVには、体操の指導がある。いかにも健康そうな若い女性がでてきて、のびのびと身体を動かす。ところが、それを私たちが真似をしようと思うと、むずかしい。梅雨空のこのごろ、散歩も思うにまかせないので、TVのスイッチをつけて、やってみたが、例によりむずかしい。たちまち落伍してしまった。しかし眺めるのは楽しいので、ぼんやりみていると、来客があった。私の目がそのまま映像をおっているのを見た彼は「ヨガでは身体を動かすと同時に息を深く吸い、完全に吐き出す訓練をする。本当は動作と呼吸は、きりはなせない。そのためにも、この体操の動作は速すぎる。もっとゆっくりでなければ……」といって、実演してみせてくれた。

それを見ているうち、急に、目の前にブルーノ・ヴァルターの指揮姿が鮮やかに浮かんできたので、びっくりしてしまった。夢にも思っていなかったことである。何しろ、私がヴァルターの指揮を見たのは、三十年近くも前の話。それも、たった一回である。その前と後、私の見た指揮者の数はどのくらいになるだろう。百を超すのではないか。そのなかには何回も見た人の姿も少なくない。それに音楽は呼吸の一種だ。生き物が息を吐いたり吸ったりする、それが音楽の根本につながるということは、何も指揮だけでなく、歌にも、楽器の演奏にもあてはまるはずである。その中で、選りに選ってたった一回経験したヴァルターの姿が目に浮かんできたのである。

もしかしたら、音楽と呼吸の深い関係を、彼くらい自然に、全面的に、示す人はなかったからではなかろうか。あの人の音楽の作り方、身のこなし、棒さばきといったものの外見は、もちろん、時に応じ変わる。瞑想でもしているみたいに、見えるか見えないかの動きに集約されている時、逆に烈《はげ》しく鋭角的にダイナミックに動きまわる時、その他。しかしヴァルターの動きは、どんな時も、自然体というか、どこにも力の偏在を感じさせず、どこかに必ず余裕があった。と、今思うと、そういう気がする。

そう考え出した私は、客を送り出すとそうそうに、最近手許に届いたばかりのヴァルターのレコードをかけてみた。それは新譜ではない。一九六〇年、マーラー生誕百年の催しがあった時、ヴィーンを訪れた彼が、フィルハーモニーを指揮した折の実況録音である。曲目はシューベルトの《未完成交響曲》とマーラーの《第四交響曲》。

それからマーラーの管弦楽つき歌曲三つ、歌手はシュヴァルツコプフ（OW七二一四―五）。

何しろ二十年以上前の実演の録音だから、音だけでいえば、昨今のレコードとは比較にならない。しかし、何たる演奏だろう！　シューベルトも良いが、マーラーはもっと良い。こんな演奏は、もう二度とこの世に響くことはないのではないか。耽美的陶酔的な演奏であるが、聴後、心の底から洗われたような後味が残る。至福の状態への憧れの歌のようだが、その憧れの中に深い幸せがすでに実現しているというのが正しい。

ヴァルターはかつて（一九〇一年）マーラーの音楽と標題との関係をのべた手紙の中で、「この《第四交響曲》を例にあげて、「これは絶対音楽で徹頭徹尾非文学的なものだ」と前置きしたあと、「しかし適切な比喩を使えば、音楽の表現しているものを暗示するのも不可能ではない。この曲の初めの三つの楽章を支配しているのは、途方もない快活さであり、この世ならぬ喜びであり、これは人をひきつけもすれば不審がらせもするけれど、同時に驚くべき光明と驚くべき快楽でもある」と書いている（『ワルターの手紙』白水社、六二頁）。

私は音楽についてこういう言う方に慣れてないのだが、この場合は、ほかに言いようがない気がする。特にヴァルターの演奏できいていると、ここには文字通り、途方もない快活、この世ならぬ喜悦があり、その中で私たちは魅惑されたり驚かされたりするのだが、これはまた、この指揮者の呼吸が、おだやかに満たされたものだったり、長い準備の過程をへて、大きく盛り上がり、それから目立たないうちに引き下がるとか、急に速められたり、おそくなったりするとか、そういう動きと密接に結びついていることでもある。

なかでも第三楽章が出色である。ここでの彼の指揮はさっきいった自然体の呼吸法の模範のようなもので、どこまでのび広がってゆくのか見当のつかない青空を悠々とゆく白雲の流れに似ている。この楽章の頭には「安らぎにみちて」という発想記号があるが、ヴァルターのとる出だしの速度は実におそい。超絶的遅さといっても過言ではない。それに、この出だしでは小節の半分が休止である書き方が何度か出てくるが、この休みの長いこと。

私たちは、その休みが続く間、じっと息をとめて、つぎに来るものを待つほかないのだが、余り長いので待つのを忘れたころ、つぎがくる。しかしそうやって来たものといっしょに呼吸していると、この世ならぬ不思議なものにふれた心地がしてくる。ヴァルターは例の手紙の中で、「荘重な至福の静謐《せいひつ》、まじめで穏やかな快活がこの第三楽章の性格であり、そこには深く心を痛める対照的楽節も、快活から活発な響きへの高まりも欠けてない」といってる。

こういう音楽が存在し、それをこういう演奏できけるというのは、何という幸福だろう。私は、若いころにも、こういう経験をしたにちがいないけれど、レコードでこんな心地を味わうのはひさしぶりのことである。

「おそい」というほかに、この演奏にはもう一つの特徴がある。それはこの楽章は変奏曲として書かれており、底を流れている旋律はいつも一つなのだが、その一方で、いろいろな楽器に配分された幾つもの旋律とか旋律の断片とかが出たり消えたりする。そうやって諸旋律が重なりあう時、お互いの間でのまざり方とか、あるいは一方が主で、一方が従である時の比重均衡のとり方とか、そういうところに、いうにいわれぬ味わいがあるのである。これ以上はあんまり技術的分析的な話になるので、深入りしないけれど、このあたりにも、いかにも音楽が深く呼吸したり、息をはずませたりする風情が、巧みにとらえられている。要するに、この音楽は、よく「生きている」のである。

このレコードのもとになった演奏会は、彼の恩人だったマーラーの百年祭にささげる演奏であるとともに、はしなくも、ヴァルター自身のヴィーンへの告別の音楽会ともなった。ヴァルターは、この翌々年の一九六二年の二月、八十五歳と何カ月かで死んだのだから。

周知のように、彼は、マーラーに招かれ、一九〇一年から一二年にかけ、ヴィーン帝室歌劇場首席楽長の職にあった。一八七六年生まれの青年音楽家にとって破格の名誉ある地位だった。しかしヴィーンは必ずしも彼にやさしくなかった。かつてモーツァルト、シューベルトに対し、そうして近くはマーラーに対してと同じように、ヴァルターの場合も、ヴィーンには熱烈な支持者がいるかわり、猛烈な非難攻撃にも欠けてなかった。特にマーラーやヴァルターの場合、当時のヴィーンのユダヤ人排撃を旗印とする陣営からの中傷誹謗には異常なものがあった。それがどんなに彼を傷つけたかは、彼の回想記にもうかがえる。

「音楽の故郷であるこの国に、同時にあの憎しみの泉が流れていたことは、悲しいが、否認できぬ事実である。それが広い大衆に支持されていたことが、ナチを権力の座につける助けになった。心理学をないがしろにしない歴史家だったら、オーストリアの没落自体さえ、この国民性の分裂、あれほど高い文化的気質とあれほど低劣野蛮な傾向との矛盾から説明しかねまい」（ヴァルター自伝『主題と変奏』白水社、一八九頁）。

そういうヴィーンに戻ってきて、天上の至福を謳《うた》う音楽をこんなにすばらしく指揮して、別れをつげる。それが人間というものだ。

ショルティのマーラーの交響曲

ショルティという指揮者について、それから彼の指揮したマーラーの交響曲のレコード*について、私の考えを、もう一度はっきりさせるために、改めてじっくり聴き直してみた。

*《第一》《第二》はCD「デッカ　POCL三六〇〇〜一」、《第三》はCD「同　POCL三六〇二〜三」、《第四》はCD「同　POCL四五七八」、《第五》はCD「同　POCL九七二一」、《第六》はCD「同　POCL五一二四」、《第七》はCD「同　POCL五一三二」、《第八》はCD「同　POCL三六〇四〜五」(廃)、《大地の歌》はCD「同　POCL四五七九」。

ずいぶん時間がかかり、面倒な仕事だった。しかし、おもしろかった。そうでなければ、とても終わりまでやり通せなかったろう。

そうして、やり終えた今の結論からいうと、ショルティは、単にマーラーを指揮して現代の代表的指揮者であるというだけでなく、マーラーの音楽のある面——特にその構成的な力強さ、荘厳と呼んでもよいような威力、それから響きの官能的な艶やかさと輝かしさ、衝撃的と呼んでもよいような、表情の急激な変化に伴う近代的な鋭角的な烈しさ、神経質なくらいの細かな顫《せん》動を伴う旋律の不思議な流れといった面——に関して、それを白日のもとにひきだし、それがもつ魅力を容赦ないくらいはっきり響かせることができるという意味で、当代かけがえのない指揮者だろうということになる。もし、ショルティが来てマーラーを振るということになれば——もっともそれは、現代一流の交響楽団を相手にするのでなければ、彼の考えたことは実現できないだろうが——私は何をおいても聴きにいくだろう。

ショルティが、マーラーの交響曲をレコードにした時期を表に整理してみると、次のようになる。

交響曲の番号	制作年月	交響楽団名
第一	一九六四年一—二月	ロンドン交響楽団
第二	一九六六年五月	〃
第三	一九六八年一月	〃
第四	一九六一年二月	アムステルダム・コンセルトヘボウ管弦楽団

第五……一九七〇年三 - 四月……シカゴ交響楽団
第六……（同右）……〃
第七……一九七一年五月……〃
第八……一九七二年九月……〃
第九……一九六七年四 - 五月……ロンドン交響楽団
《大地の歌》……一九七二年五月……シカゴ交響楽団

今度、ひとわたり聴き直すのに、はじめ私は、番号順に聴きだした。ところが、《第四》の番になったら、それまでに比べ、一段とおちるのに気がついた。あの——ほとんど——初めから終わりまで、甘美で夢のような旋律で満たされている音楽が無機的と呼びたいようないかにも味気ない鳴り方しかしない。楽譜と見比べて聴くと、楽譜に忠実な点では文句がないのだが、その表情は、楽譜に命じられて、そのとおり外からつけ加えているようで、内面からの必然性があまり感じられないのである。驚いて、ジャケットにある解説を読んでみたら「これがショルティの手になるマーラーの、最初の交響曲のレコードである」とあった。それに管弦楽団も、それまで聴いてきたロンドン交響楽団と違うのである。私はコンセルトヘボウ管弦楽団がロンドン交響楽団より下の楽団だとは思わない。しかし、ここでみる限り、まるで役人が集まって、ただもう月給ほしさに演奏しているような自発性の乏しい演奏になっている。

だが、次の《第五交響曲》になると、これまでのどれよりもおもしろい演奏になっている。音が、磨きのかかった艶やかなものになるだけでなく、表情のすべてにわたり、冴え冴えとしたものが感じられる。

それから、《第六交響曲》、《第七交響曲》と順を追うに従って、ますます好調になる。そのあと、また、《第八交響曲》以下の三曲がくるのだが、そのなかでは《第八》と《大地の歌》が、《第九》に比べ、一段と聴きごたえがある。

以上を総括すると、あとで制作されたものほどおもしろくなるということになる。といっても《第二》、《第三交響曲》は、すでにずいぶん水準の高い出来栄えを示しているのは事実なのだが、しかし、七〇年代に入ってからのものは、それを上回り、傑出したものになっているのである。

マーラーの全交響作品のなかでも、《第一》から《第四》にいたる、いわゆる《子供の魔法の角笛》の一連の交響曲と《大地の歌》とは演奏回数も多く、みんなもよく知っているが、《第五》から《第七》にかけての純粋な器楽曲として書かれた三曲の交響曲グループは——少なくとも、これまでは——演奏会にとりあげられる機会もより少なく、したがって一般の音楽ファンにも馴染みが薄いものだった。それにはいろいろな原因があるわけだが、なかでもこれらの曲が音楽として「内容」「形式」ともに極度に発展し、むずかしいものになっているため、聴き手はいうまでもなく、演奏する者にとっても、非常な困難、それも数多くの困難を、一つ一つ解決していかなければならないという事実を忘れてはならない。

だが、このごろは世界の音楽界の潮流をみても、マーラーといえば《第一》か《大地の歌》、あとはせいぜい《第四》、《第二》がとりあげられるといった状況が次第に変わってきていて、この中期の最高に困難な作品群がかなりしばしばとりあげられるようになりつつある。その先頭に立つものは《第五》だろうが、それについで《第七》がプログラムに載るのもそうめずらしいことでなくなりつつある。

ショルティのマーラーが、この三曲で特に傑出した成果をおさめているということは、「マーラーの指揮者」としての彼が、メンゲルベルク、クレンペラー、ブルーノ・ヴァルターを先頭とする、かつてマーラーのために身を挺して闘った先輩たちとは、別の世代に属する証拠であろう。彼は、「新しいマーラー像」を現出する指揮者としての重要なパスポートを示しているといってもいい。

では、ショルティはどういうマーラーをやるか？

ショルティのマーラーには「耽溺的なところ」が非常に少ない。しかし「色彩的な面」には敏感で、管弦楽を扱って音楽史を通じて指折りの大家だったマーラーの、色彩家としての面目をあますところなく、発揮してみせる。それにまたシカゴ交響楽団のような当代第一流の技術的水準をもったオーケストラだと、それだけのことが存分にやれるのである。

　またショルティには、マーラーの音楽の機能的なものを十分に音に実現さす、客観的で冷静なアプローチがある。ことにこの三曲の終楽章はどれも長いというだけでなく――《第六交響曲》の終楽章は、その最たるものだが――無類の複雑さをもった音楽だが、こういう膨大複雑にして多岐をきわめた作品を扱って、構成的にも情感的にも、これ以上は望めないのではないかと思われるような、力強くて、しかも明快な演奏をするのも、構造的なものをさばくこの指揮者の並々ならぬ天稟《てんぴん》を示している。《第六》だけでなく、《第五》の終楽章のロンドなどもすばらしい。それに、《第五》でいえば、第二楽章のなかで金管のファンファーレでコラール風の楽想が出現する、このあたりの扱いも実に冷静で賢明正確に扱われ、マーラーの考えたとおりの効果が出ている、と私は思う。

　マーラーという人は自分でも大指揮者だったわけだし、ヴィーンの帝室歌劇場の総監督を一〇年もつとめたのだから、当然、オーケストラを扱うこつも十二分に心得ていたに違いないのに、彼のスコアをみると、「その人が、どうして」と思わずにいられなくなるほど、スコアに細かい書き込みがしてある。私のいうのは、音符一つ一つについての、あるいはフレーズ一つ一つについての、表現やダイナミックやテンポについての細かい指定のことである。こんなに細かく指定されては、演奏家はそれに忠実であろうとする結果、かえって手も足も出なくなり、外側から音符をなぞるような演奏になり、自発性というものが希薄になってしまう。私がさっき触れたショルティの《第四》は、その一つの極端な例である。というのも、ショルティは、前述のように主観的なものに溺れず、作品に対してきわめて客観的機能的なアプローチをするタイプの人だから、マーラーの音楽を扱うととかく、そういう弊に陥りがちになる。

その彼が、しかし、《第五》以下実に見事な音楽を聴かせるのは、マーラーの外側からうるさいほど指定に指定を重ねて書きこんだスコアに忠実であって、しかも自分の自発的な考えと感情に自然に従うこととがショルティのなかで、矛盾しなくなったという証拠であろう。また、それができるというのは、この人にはオーケストラをまとめ、楽員をひっぱる実力がよほどあるということでもあろう。

たとえばこれは《第七交響曲》第一楽章の第一一八小節以下のスコアから第一ヴァイオリンとホルンの声部だけを抜いたものである［譜例1］。

おまけにマーラーはここの𝄐について、スコアに脚注をつけ、「このフェルマータは休むのではなくて少しひきのばせという意味であり、せきこんで（drängend）とい

譜例１

譜例２

う指定もフレージングについての指示であって、きわめて控え目に実施しなければならない」といった注意を与えている。

これは一例にすぎないが、ここでのショルティの処理は実に見事である。

それにまた*pp*で柔らかく、音というよりも音の影がひっそりとすぎてゆくような楽節のこなし方も、目立って美しい。同じ《第七》の第四楽章（いわゆる「夜の曲」の第二）の一節［譜例2］も、よい例だ。

このヴァイオリンの旋律は、優美（グラツィオージシモ）の極をゆく、やさしさでもってひかれている。

私はまだ何十という例をあげることができるのだが、もう十分だろう。

ショルティといえば、今は、世界楽壇

の最尖端をゆく最大の売れっ子の一人なのだから、今さら、こういうことを書くのも滑稽な話だが、彼はマーラーの指揮者として、ときとともにすばらしくなってきたのだというのが、私のいつわりのない感想である。

新しいマーラー像　バーンスタインからレヴァインへ

バーンスタイン、ニューヨーク・フィルのマーラーの《第一交響曲》は期待にたがわぬ名演だった。この人たちは何年か前にも東京でマーラーの《第九交響曲》をとりあげ、記念碑的大演奏をしていった。今でも目をつむると、あの時の指揮ぶり、楽員たちの憑かれたような演奏ぶり、舞台から私たちの方におしよせて来る音の波の中で横にゆられ、前後におされ、つつまれ、つきはなされながら味わった気持がよみがえってくるほどである。今度も私は演奏会ではめったに経験できない心地を何度か味わった。マーラーをやるバーンスタインは、楽譜を前にした指揮者というより、作曲者になりきり、二人が一体になって音楽をするという印象を与える。彼が原曲にある音を読みとるというより、音楽の方から彼の中にもぐりこみ、彼といっしょに歌い、笑い、踊り、怒り、絶望し、祈るといった具合である。

バーンスタインは音楽のさまざまの要素のうちでも、感情的な面を劇的に表現することを特に強調するタイプなので、同じ日のプログラムにあったハイドンの《第百四番交響曲》のように、そういう手がかりがあまりない曲をやる時は、気の毒のような場違いの演奏をすることになり勝ちだ。その同じ人がマーラーとなると、まるで水を得た魚さながら、胸を拡げのびのびと呼吸しながら、不思議な花の香りにみちた世界の中で、音楽でしか味わえないものをふんだんにきき手にふりまき、自在に泳ぎまわる。私見では、この人がマーラーと同じくらい熱情的、全身的にとりくめるのはベルリオーズだろうが、しかしベルリオーズにはある種の挑戦的攻撃的な毒を含んだ自己主張が常につきまとうのに、バーンスタインにはそれが必ずしもよく出て来ない。要するに彼にはマーラーが特に合う。マーラーも旺盛な自我意識に悩まされた人だが、彼は決して自己中心に終始できず、自分をとりまく外部世界に対し、いつも注意深い態度で立ち向かわずにいられなかった。「生と死」とか「復活」とか「人生と自然の意味」とか、自分一己を超えた普遍的な問題への答えを常に求めていた人である。それが彼の交響曲の中に、森、花、小鳥、霧、風といった自然に通じる響きが吹き通ってくる理由だし、天使や子供のように人間の隣りにいて、しかも人間を超えた存在に対する比類のない柔らかな感応性の働きや豊かな幻想性となって、彼の音楽のいたるところに光と色を与えている理由である。これはベルリオーズとは何千里も離れたものである。バーンスタインはこのマーラーの王国にいちばん近い二十世紀の指揮者ではないだろうか。

今度の《第一交響曲》の演奏にしても、第三楽章のト長調のふし――『さすらう若人の歌』の第四曲に出てくるふしが、それがあらゆる点でこれ以上やれないほどの遅さで、全身的感動と、祈るような小声の囁きで、歌われる時、あるいは第四楽章の今にも終わりそうなくせに、つぎつぎよみがえる思い出で延々とひきのばされたコーダで、前にはホルンの和音にのってヴァイオリンで歌われた第二主題が、今度はチェロだけで、静かな感動の中でゆっくりと「耳の地平線」から姿を現わしてくる時、私たちは、音楽であって、しかも音楽を超えた何か、芸術を超えた何かの息吹にじかにふれたという想いに襲われる。

戦後におけるマーラーの復活、そのブームにはバーンスタインの存在が欠かせない。いやこの人のこういう没我的狂熱的なマーラー支持があったればこそ、作曲者の死後ずっと忘れ、おきざりにされてきたマーラーへの現代の関心が生まれてきたのではないだろうか。

そう、私たち今日の人間が持つようになったマーラーの音楽への渇えは、この人が教えたものである。私はつい数日前も東京都交響楽団で若杉弘の指揮する《第三交響曲》をきいてきた。この日本の若い指揮者のは、細部においてこそこまかな神経のゆきとどいた扱いがあったし、そのほかバーンスタインとは大きな相違があったのは事実だが、それでも叫び、求め、祈り、のたうちまわる一人の人間の音楽をやる点では、若杉の指揮もやっぱりバーンスタインの打ち出したあの大胆で熱情的な流れにつながるものだった。

ところが、レコードではあるが、私は最近新しいマーラーを指揮する人を経験した。ジェームズ・レヴァインというアメリカ人で、レコード界の動きに通じている人たちにはいまさら新しい名ではないらしい。だが私ははじめて知った。彼のマーラーはバーンスタインのそれとは著しくちがう。その印象を一口でいえば、この人できくと、聴後、秋の月でもみたような澄んだ美しさにふれたといった心持ちが残るのである。もちろん、演奏の途中私たちの耳に入ってくるものは美しい、澄んだものだけではない。しかし、幾度かの惑乱と不安を体験したあと、曲が終わってみると、ちょうど、たまっていた何かを発散できるだけ発散させたあとのあの解放感、充実感、そうして安定感といったものが残るのである。

私がきいた彼のマーラーは、第一、三、四、五、六番の交響曲であり、その全部がみんな同じ高さで成功したとはいいきれないかも知れない。しかし《第三交響曲》の第一楽章とか、《第六交響曲》の第二楽章とか、特には《第五交響曲》——これは全曲としていちばん成功していると思う——の第三楽章から終楽章とかは最高の出来栄えである。各部の響きの調和のよくとれたバランス、すべての声部が驚くべき明確さできこえてくるが、それは外面的、図式的に分離が良いというのとちがって、それらの声部の一つ一つから、それぞれに与えられた音楽がきこえてくるのである。レヴァインの演奏では、バーンスタインの場合、あまりにも強烈で生々しい激情のかげで、つい見落とされがちだった音楽の構図がはっきり浮かび上がってくる。私はこのレコードをきいていて、初めてきくものにどれぐらいぶつかったか知れない。今まで見なれ、行きなれていた同じ道をゆきながら「おや、こんな横丁があった。こんな木があった。あの家にはこんな窓があったのか」といった経験をするようなものである。

レヴァインは、かつて誰もきかせたことのない新しいマーラーを鳴らすのに成功した。人によってはさきにいった澄んだ明るさを、表現の楽天的な明快さととりちがえる場合もあるかも知れない。しかしこの明るさは、表現の隅々まで誇張を排し、夾雑物のちりをきちっととりさって、鳴らされていることから来るものであって、楽天的とか開放的とかいう気質とは全く関係がない。

その証拠に、レヴァインは我慢できないほどこみ入っていて、音の団子のような鈍い響きになりがちな箇所でさえ、辛抱強く、そのもつれた声部の糸の動きを一つ一つひろいながら、それを切りすてず、再現しようとしている。この人は、並外れて柔軟な音楽的感性に恵まれた人なのだろう。マーラーのあのくどい書きこみに忠実に従い、あるいは大きく急激に、あるいは微妙なニュアンスでこまかく、かわってゆくテンポやダイナミックの迷路を綿密にたどりながら、結果として、大きくて澄んだ音楽をつくってゆく。芸術では、どんな苦悩の表現を目的とする作品であろうと、精神の働きはいつも明確でなければならない。簡単にいえば、芸術作品の創造とは混沌に秩序を与え、暗闇に光を投げる仕事なのだから。

レヴァインの指揮でマーラーをきくと、その事情がよくわかる。私はもしマーラーがこれをきいたら「この男は私を理解した。私の一見複雑にからみあったスコアも、要するに自分の考えをできるだけ正確に伝えようとしたところから来たのであり、この指揮者は、私のスコアに何かをつけ加えようというのでなくて、それを正確に読みほぐすことに全力をつくしたのだ」といったろうと思う。マーラーがこの人の棒でほど、静けさにみち、クリーアで、しかも充実して響いたことはなかったろう。

バーンスタインの巨人的啓示のあとに来たレヴァインの指揮は、大きいけれど大げさでない。強烈だが濁らない。力強いが澄んでいる。一つの珍しいマーラー像の完成に向かって前進している一つの世代のきたことを知らせている。

カラヤンのマーラーふたたび

　レコードの再生装置に関しては、私は昔からあんまりこだわらないできた。それは今も変わらない。もちろん装置は良い方がいいにきまっている。でも「良い装置」とは何か。そう簡単ではない。その上、私は何十年という長い間音楽をきいてきた人間で、昔のレコードは、今のとは比較にならず音質が悪かった。一口でいって、レコードの再生では新しい工夫による録音だとか再生面の変化が生まれると、たいていは新しい方が良い状態で音楽が楽しめるというふうになっていた。最新最高の装置といわれて、華々しい期待をもって迎えられたものも、その後またさらに新工夫を凝らしたものが生まれてみると、以前のものは「よくこれで我慢していられたものだ」ということになる。そんなことを繰り返し経験して来ると、機械の進歩を認めないわけでは全くないのだが、しかし、その「進歩」に過大の評価をするのはためらわれるという結果になる。

といって、そういう一切の価値を認めない、装置なんかどうでもいい、どうせ機械は機械――というのではない。ただ、目の色を変えて最新の工夫を追っかけたり、「すごい。本物そっくりだ！」なんて喜んだり自慢したりする経験は、自分では、したことがない、というだけのことである。それに、再生の技術の変化が、新しいきき方、新しい体験に導いてくれたりするときは、その道の「進歩」のために非常な努力を重ねている人たちに改めて敬意を表したくなるのである。

先日も『レコード芸術』編集の田中さんが「ＳＨＭ―ＣＤ」という液晶パネル素材（高透明性）とかを活用した新素材によるＣＤというのを持ってきた。こういう説明が何を意味しているのか、私にはサッパリわからない。でも、それによるカラヤンのマーラーの交響曲と歌曲のＣＤをきいて、新しい経験をし、改めてあれこれ考えてみるきっかけになった。

カラヤンのマーラーの演奏は、その当時からあんまり評判がよくなかった。日本の批評家の点はずいぶん辛かったが、これは日本だけのことでない。それに日本ではカラヤンのマーラーをきく――実演で――機会はいつあったのか知らない。多分レコード批評の方が早かったのではないかと想像するが、あるいはついに最後までその状態だったのかもしれない。つまり、日本での批評は専らレコードを通じてのものに限られていた——というと、間違いかもしれない。いつか、どこかで、実演をきいた人もあって、その人が、しかし、批評を書いたのはレコードできいた経験によるものだった。そうして、その上でもその人の意見は変わらなかった——ということもあり得るだろうから。

それに、これは私が実際に耳にしたことだが、ヨーロッパの批評家や音楽の専門家たちの間でも、カラヤンのマーラーにはかなり距離を置いた意見の持主がいた。たとえば、カラヤン時代のベルリン・フィルハーモニーのインテンダントのヴォルフガング・シュトレーゼマン。あの人は職務上カラヤンという人とその活動を最も身近で体験していた人の一人だし、自分でもある時期は指揮活動をさかんにやり、またジャーナリズムの上でも批評文を書きもしていた専門家だった。その上、彼は私とはかなり腹蔵なくものをいう間柄だった（もっとも、もともと、ワイマール共和国時代の大物政治家の息子という家柄もあって、信用を大事にする「正直は最上のポリシー」を地でゆくような人物だった）。そのシュトレーゼマンも「カラヤンのマーラーはどうもしっくりしない。あの人はマーラーのような世紀末の苦悩を一身に背負ったみたいな音楽をやるのは苦手だったなあ」と述懐していたものである。また、事実、彼は回想記でも同じようなことを書いていたはずである。

カラヤンは自分でもそれは知っていた——と、私は思う。周知のように、彼がマーラーをとりあげたのは（私のいうのは実演のことだ）、かなりおそくなってからのことである。これは彼に限らない。ドイツのあのころの指揮者でマーラーをあんまりやらないか、あるいはやってもおそくなってからという人は、ほかにも少なくない。フルトヴェングラーもそうだし、クナッパーツブッシュはずっとそれで押し進んだのではなかったろうか。カルロス・クライバーのマーラーをあなた方はきいたことがありますか？　ドイツでは長い間マーラーはあんまり歓迎されなかった。

以下、私の主に想像をまじえての考えをのべると、カラヤンもマーラーは苦手だった。それはシュトレーゼマンのいうように体質的なものであり、肌が合わなかったということでもあったろう。しかし、戦後、マーラーをとりまく雰囲気はどんどん変わっていった。まして、彼のように長い間世界的一流のオーケストラで指揮をやっているもの、しかも長いこと常任指揮者を務めているものともなれば、いつまでもマーラーをやらないわけにいかなくなる。また、カラヤンとしても、ヴァルター、メンゲルベルクの昔はともかく、ショルティだとか、ことにバーンスタインなどがさかんにマーラーで評判をとっている姿を横目に、自分の出番がないようにみられるのは、腹立たしくもあったろう。もしかしたら、批評や聴衆の側からも、――つまりは営業政策の上からも、「どうしてカラヤンはマーラーをやらないのだ？」という期待と要請もあったのではないか。二十世紀の後半、「ついにマーラーの時代が来た！」と猫も杓子も口にしていたひところの気運のまっただ中にあって、こう想像して悪いことはなかろう。

で、——もちろんカラヤンもマーラーをとり上げる気がなかったわけではない。

しかし、おいそれといかない理由があった。今度出たカラヤンとベルリン・フィルによるマーラーの交響曲&歌曲のセットについたライナー・ノーツには、いろいろとおもしろいことが書いてある。

このライナー・ノーツは平林直哉氏の署名があるもので、実に内容の精緻充実したものであるが、そこではまずカラヤンがマーラーをとり上げたのは一九六〇年二月というのがいちばん早い時だが、そのあと十年間の空白があって、七〇年にやっと——また六〇年の時と同じ《大地の歌》——マーラーが出てくる。以下詳細なあとづけがあり、実演はしても、——あのCDをやたらたくさん出したカラヤンが、マーラーの録音となると、ぐっと少なくなったことがわかるようになっている。その上で、カラヤンはなぜそういうことになったという質問に対し「マーラーは意識的に避けて来た。彼独特の響きを出すためのパレットを持ち合わせてなかった。マーラーでは崇高から、、、、、、、、卑俗さままでの幅が極めて狭い」云々と答えている。

これは本当に正直な答えだと私は思う。

マーラーは《第一交響曲》、いやその前から、大真面目な正面きった悲愴で崇高な音楽と、彼が子供の時チェコの片田舎できいて以来、心の奥底まで浸透し、巣食っていた大道芸的庶民的通俗音楽やら軍楽やらの響きが、隣りあわせみたいな密接な関係でつながっていた。

私は、フルトヴェングラー、クナッパーツブッシュ以下、ドイツ流音楽の伝統の中核におり、その正統派をもって自認していた人たちにとって、これは料理するのが非常にむずかしい問題なのだったと思う。

彼らは、だから、マーラーはやりたくなかった。あるいは、やりたくても、彼らの中の何かがそれにブレーキをかけた。

カラヤンは、しかし、やらないわけにいかない立場にいた。あるいはそこに追いこまれた。そうして「追いこまれた」という意識は、彼の自負心(虚栄心?)——何しろ彼はかりにも「音楽界の帝王」と呼ばれたほどの存在だった——が許さなかった。

カラヤンはマーラーと対決する覚悟をきめる。そうなった以上、単に「良い演奏をした」ぐらいではすまされない——ぐらいに、彼が考えたとしても不思議ではない。

以上は、もっぱら実演での話だが、いくらカラヤンだといっても、CDを作るのが先というのではなかったことは不思議ではない。まずきちんとした実演ができるのでなくてはCDを作るわけにいくまい。前述の新しいCDについたライナーには、カラヤンのマーラーの初録音は「交響曲の五番で、その収録は一九七三年二月に始まったが、このセッションは、同じ年の二月ベルリン・フィルの定期を視野に入れて日程が調整されている」「カラヤンはこの翌年の五月にも五番を録り直していて、今度のCDにはその両年のどちらのテイクが多く使用されているか不明だが、七三年のテイクを基本に、部分的な録り直しがその翌年されたと考えるのが普通だろう」とある。

この五番のCDは日本では実に冷たく迎えられた。「音楽の外に立ったままで、少しも中に入っていない。精彩な表現が、どれもこれもひえびえとした感触」あるいは逆に「ロマンティックな傾向が強く、時にそれは過度」などとあったが、どちらにせよ、肯定的ではない。

こんどのCDできいた私は、おもしろかった。音もカラヤンの常である美麗優婉なものだ。でも、「外に立ったまま中に入ってない」という評は、ある点で、私も同感だ。カラヤンは、いつもに似ず――たとえば彼のモーツァルトは、「他人とどう違っていようと、これが私のモーツァルト」という自信があり、いやになるほどよく鳴らしていたのに反し、このマーラーでは少し及び腰になっている。「どうも、苦手だな。これは」といった感じ。でも、彼が躍起になっているのも感じられる。彼は、例のライナー・ノーツの中で、

「第五の演奏は試聴時に一回録音した上で、さらに録り直しをして、やっとまともに録音できた。世に出すまでに六十時間もかかった。一九七七年の公演は覚えているが、

思い出してもうんざりするものだった。第二楽章までが非常に苦痛なのだが、あとは音楽を流れに任せるほかはない。むずかしいのは第三楽章、たいへんな熟練がいるのです」

といっている。正直な述懐だろう。彼は苦労して苦労してやっているのだ。「第二楽章までが苦痛だが、第三楽章はたいへんな熟練を必要とするむずかしいもの」というのであれば、あと少し楽だったのは第四（例のアダージェット）、第五の二つの楽章だけだ。

で事実、私もきいていて、第四楽章から第五楽章に入ってから、やっとホッとした。カラヤンは、歌わせるところは、まるで彼の得意とするオペラみたいに存分に歌わせようとする。マーラーもこういうふうにやってほしかったのではないかと思うくらい（マーラーだって、オペラの大指揮者だったのだし、彼の音楽にはオペラティックな大見得を切るところや、派手に泣いてみせるところは少なくない）。たとえば

こんなところ。あるいは第四楽章の歌では、フレーズの切れ目になると、ちょっとテンポをゆるめるやり方。こういうものは、マーラーがきいたら、気に入ったろうと思

われると同時に、「オレの音楽もまだ革命的に新しくはなかったのかな。まだ古いものの尻尾をひきずっているみたいに見える」と気にしたかもしれないとも思う。むずかしいところである。

しかし、カラヤンは必死になって歌わせている。「外に立ってる」といわれたら、「オレまで中に入っちゃったら、この曲はメロメロになっちゃうよ」と言ったかもしれない。つまり、ドイツのバッハやベートーヴェンで鍛えられて育った人には、マーラーの音楽にそのまま自分まで投入したら、骨がなくなってしまうような気がしたのではないか。

彼がハイドン、ベートーヴェンの音楽をやる時と同様、バスの動きを重視しているのも、このCDではよくわかるが、マーラーの音楽がそれでよいのかどうか。これもマーラーをよく知っている人にきいてみたいところだ。

だが、《第五交響曲》の演奏として、カラヤンのものが、そんなにきき劣りし、一方では他人事みたいな演奏、一方ではロマンチックすぎる演奏——じゃ、どっちをむいてやればいいの？——といわれるほどのものか。

逆に、音のきれいなところ、アンサンブルの優秀な点には注目すべきものがある個所が少なくない。彼が生まれ育った環境からいって、マーラーの音楽に同化できない点が残っているというのは、むしろ、おもしろいことではないのか？　批評を書く側からいうと、ここにはよく考えてみるべき大事な問題があるのではないか。

批評家はどうして「マーラーはこう」と考え、それに応じて採点するようになっているのか？「そういう事情のあった人はこの音楽をこうやるのか？」と考えずに、誰も彼も、「この曲をやるなら、こういうのが望ましい」と主張するのはどうだろう。いつも書くことだが、いろいろのアプローチがあり、いろいろの結果があるのは、むしろ楽しいことではあるまいか。ただ、好き嫌いは別だ。これは嫌い、ぼくの肌に合わないという時はそう書くのは当然だ。この点でも、少なくともかつての日本の批評家はずいぶん手厳しかった。演奏家があいにく風邪をひいたりして、苦しい条件の下に演奏した時もそれを考慮に入れて判断するというのではなく、「そういう時は中止すればよい。演奏するからにはそんな言い訳めいたことは言うべきではないし、批評家はそんな事情を斟酌すべきではない」などといっていた。ひどい話だ。

ところで、カラヤンのマーラーに戻れば、彼のはマーラーべったりのマーラーではなかったが、だからといって、ただ外側から眺めていたばかりではない。やれるだけの努力はちゃんとした上での演奏だったと思う。それは《第六交響曲》をきいてもきこえてくる。あれのスケルツォも大変な曲だが、高い水準の演奏だった。アンダンテ楽章なんか――私はかつてのバルビローリの指揮のＣＤが好きだったが、カラヤンのは、バルビローリほどロマンチックで甘くはないけれど、それなりに柔らかで優しい肌触りの音楽になっている。出だしなんか甘い夢みるような出発ではないか。そうして、中間の烈しい動きの部分はまた峻厳さと迫力充分のダイナミックで劇的な音楽になっている。合性が悪くてもこんなにやれた。

さきほどから書いているように、今度のCDにつけてある解説用附録は大変中味のあるすぐれたものだが、それによると、かつての日本ではカラヤンがマーラーの《第九》をやったCDが出ると、それまでの厳しい批評が一変して絶賛に転じた。「第一、第三楽章にみられるほとんど狂気じみた作品へののめりこみを、わたしは近ごろの彼にみたことがない」という評さえ出る有様だったそうである。

たしかに《第九》は——彼は二度CDにしている——上出来の演奏だった。でも、私は前述のように彼の《第六》もおもしろくきいた。「狂気じみたのめりこみ」とは思わなかったが。

一般に、この国の批評用語には演奏の仕方そのものより、演奏にみられる奏者の心理的状態のあり方に敏感な評語が豊富にみられる。これもおもしろい、日本の音楽評の特質の一つではあるまいか。いや、この国の批評に論理的判断より心理的アプローチがより強く、かつ敏感に出てくるのはひとり音楽批評に限らず、文章や美術の批評文にもかなり強く出てきている傾向といってよいのではあるまいか。

いずれにせよ、今度のカラヤンのマーラー（全部で交響曲では第四、五、六、九〔二種類〕と四曲。管弦楽つき歌曲では《リュッケルトの詩による歌》全五曲と《亡き子をしのぶ歌》全五曲。それに《大地の歌》）、私は改めて知り、大いに楽しんだ点が少なくない。それにCDの音質も確かによくなっていて、美しく豊かな響きと、めまぐるしいばかりのポリフォニック――つまりいくつもの線の何重にも重なりあった競合状態の明確明瞭な提示という点でもめざましい成果のみられるものとなっている。

でも、カラヤンはついに死ぬまでマーラーに完全に同化することはできなかったのだろうという気がする。それは彼の残したこれらのCDのでき具合だけから言えることではなく、むしろ、彼がいろいろやってはみているが、限られた数のCD制作しか残さなかったこと、それから実際の定期演奏会その他でマーラーの曲をとり上げた数がごく限られたものに止まった（つまり、あんまりプログラムに組入れたがらなかった）ことを見てもわかるのである。また彼が、やるからには、ずいぶん時間をかけて自分の満足と（もちろん、彼の誇りと自尊心に裏づけられた）良心を裏切らない演奏をしていたことも、これらのCDには充分に明らかに出ている。

肌に合わないものは、ついに、終わりまで変わらなかったりしても、晩年に至るまで努力をしていたのだ。くりかえすが、そういうことを私たちは簡単に忘れてはいけない。人間のやることの意義、あるいはおもしろみというものは、成功したものだけをみて判断するのではなく、そうでないものの中にも、もったいないくらい、深い意味のある場合だって、あるのだ。

シノーポリ指揮ヴィーン・フィルのマーラー　交響曲第一番

今から何年前になるか。ある年のヴィーン・フィルの日本公演をきいて「おやっ、これがあのヴィーン・フィル？」と思ったことがある。だが、十日サントリーホールのはシュトラウスの《ドン・ファン》の最初の*ff*からマーラーの《第一交響曲》の最後のD音まで、まぎれもなくヴィーン・フィルの響きであり、逞《たくま》しい力強さから緻密《ちみつ》流麗さまで揃《そろ》った一級の名演だった。

それは、たとえていえば最上の和牛の霜降り肉の味わい。舌ざわりはむらなく柔らかく、味は濃厚で、快い抵抗感さえ欠けてない。弦、管、打楽器のどこをとっても、一つの音楽文化の伝統の中で育ち、爛熟《らんじゅく》した音の世界。

マーラーは楽器の扱いでありきたりを避け、「自然で楽々と鳴る」ところでなくて、わざとひきにくい個所とか極限状況に近いものとかを利用して、非日常的で今生まれたばかりのように新鮮で傷つきやすいひき方を求めるようなことがよくあった。だがヴィーン・フィルの手にかかると、そういうことをしてみても、少しもナマでなく「音楽的な音」になってしまう。これが今度の名演の裏にある逆説的なおもしろさであり、逆説的なおもしろくなさである。それでいて、こんなに水準の高い演奏になるのは楽員の優秀さと指揮者の要求とが独特の絡み方をしたからだろうか。

シノーポリは彼のつかみとったこの曲の特質を明確でていねいな指揮で現す。それはこれがアール・ヌーヴォに属する流儀で、ベートーヴェン流の主題を直線的論理的に発展するのでなく、幾つかの細部をもつ楽想がそれぞれ横に拡がり、モザイク状に入り組みながら展開する音楽だということらしい。シノーポリが指揮すると、この曲からはかつて耳にしたことのないような細部の美しさがいろいろときこえてくるのだが、それでいて、きき終わってみると、一つのまとまった手ごたえが残る。

これはいろいろの方角にのびようとする細部と細部の間の移り変わり、受け渡しを処理する時の彼の大胆な巧妙さとでもいった彼の手腕の冴《さ》えから来るものだろう。

シノーポリの指揮、それにこたえるヴィーン・フィルの人々の力量。両方あわせて、この夜のマーラーの《第一交響曲》演奏は、まるで一つの金字塔の立てられてゆく現場に立ちあっているかのようで、私には、眩《まぶ》しく見え、輝かしく鳴り渡っていた。

〔三月十日・サントリーホール（東京）〕

交響曲第三番　ジュゼッペ・シノーポリ指揮　フィルハーモニア管弦楽団

CD〔グラモフォン　POCG一九三五〜六〕

先年ブーレーズがマーラーの《第六交響曲》を指揮したCD*が出て、評判になった。それを聴いたときの私の印象では、例によって非常に明晰で、こみいった部分のさばき方も見事であったが、「これがマーラーかしら？」という気持が拭えなかった。確かに優秀な演奏に違いないが、作品の真髄を伝えるものかどうか確信がもてないといったところである。もっとも、これまで私たちが耳にしていたものだけが本当のマーラーであるかどうかは、わからないから、ブーレーズのそれが、私たちの聴きなれたものと違っているからといって、とがめることはできないだろう。ブーレーズにしてみれば、「マーラーについての新しい真実を啓示するものがあればこそ、敢えてマーラーをとりあげる意味があるのだ」ということなのかもしれない。とは思うのだが……。

*ヴィーン・フィルとの一九九四年の演奏〔グラモフォン　POCG一八四八〕。

最近、そのブーレーズがマーラーの《第七交響曲》をクリーヴランド管弦楽団と入れたCD*が出た。《第六》のとき、半信半疑の気持を抱えたままで落ちつかないでいた私は——さっそくというのではない、むしろ、少し間をおいて——手にとってみた。でも、マーラーの《第七》が一枚のCDというのはどういうことだろう？　このごろのCDは以前に比べて、容量が増えたのではあろうが、それにしてもあの部厚いスコアの交響曲が一枚に収まってしまうのかな？　と、かける前に、念のため、所要時間を調べてみた。第一楽章と終楽章はかなりたっぷり時間をとっているのに対し、中間の三つの楽章はかなり速い。ことに第二の夜曲、つまり第四楽章が一〇分半ぐらいというのは、どういうやり方なのだろうか？　と考えてみた。私の記憶を確かめるために、速い方に属するショルティ**の昔の全曲盤を出してきて調べたら、彼でさえ一四分半かけている。もっとも「年をとるにしたがって、普通の人なら、遅くなるのに（たとえばベーム!!）、ショルティは老いるにしたがって速くなる」といつか、チェリビダッケが冗談めかして言っていた。確かにそんな傾向はなくはないのだから、新しい盤が出たら、また違うかもしれない。それにしてもブーレーズのこのテンポは速い。念のため、もう一人、インバル***のフランクフルト放送響との全曲盤でみたら、彼は一三分一三秒だ。

＊一九九四年の録音、［グラモフォン　POCG一九五六］。
＊＊《第七番》は一九七一年の録音、オーケストラはシカゴ交響楽団。CD［デッカ　POCL五一三二］。
＊＊＊《第七番》は一九八六年の録音、CD［デンオン　COCO八五〇四〇］。

数字だけ拾ってみてもしようがない。まず、この第四楽章から聴いてみた。そうして、……途中で、やめた。アンダンテ・アモローソ（Andante amoroso）というのに、これはまた何と気ぜわしい「アモローソ」であろう。冒頭の、あのオクターヴ上っていって、また下りてくるモティーフ（*sf*のエスプレッシヴォで上昇、弧を描いてクレッシェンドしてデクレッシェンドして*pp*で終わるもの）だけは、「歌わせている」けれど、あとア・テンポに戻ってからは、本当にせかせかしている。そうして、ホルンで「やさしく、目立つように（Zart hervortretend）」指示されたモティーフにしても、まことにおちつかない。どういう考えであろうか。それでは、彼は愛を説き、恋を囁くときも、こんなに急ぐのであろうか。

甘ったるいものにしたくないという考えであろうか。それでは、彼は愛を説き、恋を囁くときも、こんなに急ぐのであろうか。
ショルティのは、いってみればこの逆で、第一のオクターヴの上下のモティーフに比べ、そのあとに出てくるクラリネットやギター、ハープなどのモティーフの方が逆にゆったりして、ブーレーズを聴いたばかりだと、いやにもっさりしすぎるような気がしてくる。おやおやと思って、改めてインバルを出してみると、こちらは前楽句も後楽句もバランスのとれたテンポで、整然としている。

こういう聴き比べは、最近は私はもうあまり興味をもたなくなっている。誰がどうで、別の誰とはどう違うといってみても、それぞれの人は、その人の一つの全体のコンセプトの中から生まれてくる処理をしているのだから、そんなことをしてもつまらない。もし論じるなら、そんな比較より、そのコンセプトについて、論じるべきだろう。

そんなわけで、この聴き比べは、第四楽章の中途でやめてしまった。

そうして、改めて、「私のマーラー」を聴かせてくれる人がどこかにいないかと考えた。

ここで話が少し脇道にそれるが、私は最近（一九九六年四月一九日）クイケン弦楽四重奏団の演奏会でハイドンの《作品七六の一、六、三番》を聴いたのだったが、これはもう本当にすばらしいものであった。まず、テンポが良い。彼らがひき出すと、私はほとんどどの曲、どの楽章の場合でも、即座に「そうだ。このテンポが正しいのだ」という気がする。それにフレージング、強弱の配分、歌わせ方、語り口、どこをとっても、ぴったりとそうあるべき姿をしている。けばけばしいところはちっともなくて、むしろ地味なくらいだが、曲がすすむにつれて心が安まり、自ずから、「静かな澄んだ快活さ」とでもいった気持にひきこまれてゆくのである。それは、ハイドンの音楽のケレンのない、理にかなったものでありながら、ほとんどどこにも理屈っぽいところがなく、生き生きと新鮮な足取りで前進する姿勢のもつ清潔さに通じるものである。あすこにはモーツァルトにも見出すことのできない魅力がいっぱいある。論理的に、なるべく少しの素材でもって、むだなく、しかしまた必要なものはすべてを語るというハイドンの律儀さと違い、モーツァルトはイマジネーションがあまりにも豊富すぎるのか、はじめを聴いただけでは予想できなかったような新しい楽想を突然持ち出してきて、音楽を展開というより転換さすことが少なくない。音の色彩も豊かで、時にデッサンがそのかげに隠れてしまうということがおきる。ハイドンでは、そういうことがほとんどない。彼は色彩に訴えるというより、「形」で描く人なのだ。とにかく、クイケンたちの演奏は、このハイドンの音楽を——私にとっては——理想の姿で描き出していた。

もう一つ、余計なことを書けば、クイケンたちのモーツァルトは、私たちの聴きなれたものと、時々、微妙なところでちょっとずれて響くことがある。すばらしいには違いないのだが、はじめまごつくことがある。最近出た寺神戸亮の加わったクイケンたちのモーツァルトの弦楽五重奏の《三、四番》を入れたCD。あのCDの最初のハ長調の出だし、チェロが下から分散和音で元気よく上ってくるところ。これを、彼らはかなりゆっくりした足取りでひく。同じ古楽器派、たとえばラルキブデッリ四重奏団で（多分ビルスマのチェロがひく）同じ出発のモティーフを聴くと、ずっと速く、これを聴くだけで心臓がワクワクしてくるようなテンポであり、アクセントの鮮やかさである。クイケンのは、少しまだるっこい。だが、それを「我慢して」聴いていると、彼らの穏やかなテンポが、実はこれからの音楽の色とりどりの展開を容れるのにどんなに適した入れものとして役立つかがわかる。そうして、音楽が進むにしたがって、提示部の中だけでも、すでに、相当強い、ダイナミックな個所が書き込まれていたかに、改めて、気づく。そういう演奏なのだ。

でも、これは——少なくとも、私がこれまでCDで聴いた限りでは——ハイドンでの、あの手応えとは少し趣が違う。ハイドンなら、「あっ！　これがハイドンであり、これは一点の曖昧さもなく、清澄そのもののようであって、しかも、深い知恵を蔵する本当に優れた音楽なのだ。何という気品の高さだろう！」と納得するのである。

長い脇道をしたが、許していただきたい。良い演奏というものは、うまいとか何とかを基準に書かれたり話されたりするわけだが、やっぱり、とり上げられた音楽の心髄を伝えるものであり、聴いたものが、その音楽の価値を正しく、そうしてたっぷり味わったと満足できるようなものをさすわけである。

私は、その喜びをクイケンたちのハイドンで経験した。おかげで、しばらくはあれこれの人のハイドンや――ついでにモーツァルトの室内楽を聴いて過ごした。

その合間で、さっきのマーラーの話の続きのつもりというのではないのだが、シノーポリのマーラーの《三番》*のことを思い出した。

*フィルハーモニア管弦楽団との一九九四年の録音。CD［グラモフォン POCG一九三五～六］。

ブーレーズのマーラーのメリットは、もしかしたら、とかく重苦しく、圧迫感を与える気味のあるマーラーを、その重圧感から解放して、手垢のつかない形で聴き手に提出するところにあったのかもしれない。そうして、私は、それに躓《つまず》いたのだ。今の私には、ブーレーズのマーラーは大切なものを逃してしまったように聞こえる。

マーラーを重圧から解放する。マーラーの音楽を重苦しい抑圧感から自由になった形で出す。シノーポリのマーラーは、そういうものではない。私は実は、この《第三交響曲》（フィルハーモニア管弦楽団、シュヴァルツのソロ）の場合でも、全曲の半分を占める、あの重く長い第一楽章からではなく、中間の楽章から聴きだしたのだった。そうして、それまでハイドン、モーツァルトといった古典ばかり聴いていたあと、《第三交響曲》の第二楽章が、そのテンポ・ディ・メヌエットが、聴く者を驚かせずにおかないたっぷりと遅いテンポで鳴りだしたときは、まるで朝の最初の太陽の光が私の心の中に射し込んできたような感じに打たれた。マーラーの音楽は、世紀末のデカダンの精神を十二分に吸い込んだ音楽であって、マーラーの与える喜びは、ハイドンの私に与えてくれる澄んだ喜び、精神の充足感といったものとは違うのである。しかし、これも「喜び」には違いない。それも、これまでまったくなかった、彼によって新しく、作り出されたという点で、彼と同時代の多くの音楽家とは比較にならない新しい精神の裏付けをもった「光り」の輝きを具えたものだ。この音楽を聴いて、私はとても気が軽くなったような感じがして、思わず笑い出した。そう、これはある独自の「愉快さ」をもった音楽である。冗談を言ったり、おどけたり、そうかと思うと、急に改まってみたり、皮肉を言ったり、もしかしたら泣きごとを言ったり……。

これは天才の手によって初めて生まれた音楽である。

第三楽章も変わらない。私は久しぶりに音楽を聴いて笑った。これはハイドンのユーモアとはまるで違うものだが、やっぱり音楽を通し、音楽によってでなければ伝えることのできないものである。そうして、ここにはまた、今は笑っていても、すぐ次の瞬間には底の知れない深淵に頭から真逆様に顚落する危険のあることを予感しているものの、苦痛に満ちた渋面と隣りあわせのしかめ顔に転じるような「気楽な笑い」のマスクがある。

シノーポリは、それを何という真実をもって演奏していることだろう。これがマーラーの《第三》の唯一の演奏の仕方かどうか、私は断言できない。でも、これが作品の内奥の深いところまで迫った演奏であることに間違いはないだろう。それから、この演奏で気がつくのは、ここには「自然の音」が満ちみちていることである。第三楽章のポスト・ホルンの響くところでも、そのまわりに何とたくさん、鳥たちをはじめ、「自然の音」が出たり消えたり、入り混ざったりしていることだろう。この演奏では、ほかのどんな演奏でも耳に入ってこないほどたくさんの、いろんな楽器の音の流れが自立的なはっきりした音楽として聴こえてくる。内声でも、低音でも、そうして幾つもの旋律が並行して走る高音域でも。

しかも、巨大な楽器の群をもって複雑な音の動きを積み重ねた楽曲でありながら、これはハイドンのあの一見簡素な音楽に比べると、様相としては重く、時に恐ろしいカタストロフに直面するものなのに、実質においては「より軽い」音楽なのである。そのことを、シノーポリは間違う余地のないようにはっきり示している。そうして、この「軽さ」はブーレーズの《第六》でみられた「軽さ」「解放感」とは違うものである（ブーレーズのは「知性の解放」だった）。私はこのシノーポリの演奏を聴いて気が軽くなり、ホッとした。

シノーポリは、とかく主観性が強すぎ、自分のつけた意味に強引に近づけた演奏をするという批判を加えられるようだが、私には、それがよくわからない。

交響曲第四番

リッカルド・シャイー指揮　ロイヤル・コンセルトヘボウ管弦楽団

バーバラ・ボニー（S）　CD〔デッカ　POCL一九一九〕

マーラーの《交響曲第四番》は、初めてこの曲を聴いた昔から、曲の出だしのフルートの笛の響き、そこにクラリネットが入ってきて、それから第一ヴァイオリンの主題の歌に合わせて、ほかの弦がギターか何かで和音のリズムの伴奏を刻むといったあたりを聴いていて、私は小学生のころ馬橇にのって雪の上を馳っていたころの気持を思い出さずにおれなかった。それも、単に冬の風物詩を目の前にするというのでなくて、もっと心の中にまで踏みこんでくる「訴えかける力」を感じてしまうのでもあり、私はそこに「クリスマスに最も近い響き」を聴くのだった。

この曲の全部が全部というのでもないけれど、私にはどうしてもこれは「宗教的なものにまつわるお祭り的雰囲気」を感じさす音楽なのだ。第二楽章の、あの不気味な死の使者みたいなヴァイオリンの響きも、たとえクリスマスとは遠いものだとしても、やっぱり「死」という人間にとって「永遠の課題」であるものと切り離せない思いに誘わずにおかない音楽ではあるのだし……。

ある年、ヨーロッパ人の知人夫妻がうちにクリスマスに来たとき、私はこんなことを思いながら——その二人、特に奥さんがとても音楽好きできれいな声で歌ったりもする人だったので——、この曲のCDをかけてみた。ところが、これが彼らの気持をずいぶん損ったらしい。五分もたたないうちに、口に出さないが、いかにも困ったような顔をしだしたので、私は音楽を消した。「心ないことをしたものだ」と思ったが、これはもう取り消しのできないことだった。

それでも私としては、マーラーのこの曲は、一体、宗教的な音楽なのかどうか。もう一歩踏み込んでいえば、キリスト教的な匂いのする音楽なのか？　それとも、ユダヤ教の何かの足跡を残しているものなのか？　私は、どちらかというと、音楽を聴くとき、そういうことを気にかけないでいる点で、平均的日本人の一人のつもりでいるのだが、およそ、この曲にふれた文章を読んでいて——たとえば、この曲のCDや実演の批評を書いたものなどを読みながら、ほとんど誰も、そんなことには一言半句ふれないでいるのをみると、何となく、この人はどういう思いでこの曲を聴くのだろうか？　と、考えるともなく考えてしまう。

シャイーの指揮アムステルダムのコンセルトヘボウ管弦楽団の演奏によるこの曲のCD*が出たので、聴き出したら、今いった疑問が帰ってきた。

＊一九九九年の録音［デッカ　POCL一九一九］。

私としては、この曲をじっくり始めから終わりまで聴くのは、実は、久しぶりのことなのである。昔は好きだった。しかしまた、聴く者を酔わす力の強いマーラーの音楽の中でも、この曲の場合、私には特別甘美なものでもって陶酔的な心持に誘うところが大きいのを感じて、ある時期からはむしろ避けるようになっていたのである。魔薬とまではいわないが、この曲には何か聴き手の精神の抵抗力を麻痺させるようなものが感じられるのである。

シャイーたちの演奏を聴きながら、私はまた自分がいかにマーラーについて知らないことがたくさんあるかに気づかされたのだが、この演奏はすごく精密な正確な出来栄えである。この曲には、拾い出せばきりがないほどの「細部の驚異的積み重ね」とでも言いたいようなものがあると、気づきながら、私は改めて「マーラーはこの交響曲でもって管弦楽の扱いの上でそれまでとはまた一段精妙な書き方をするようになったのかしら?」という印象をもった。オーケストラの扱いは本当に細かい。

出だしの――はじめに私がふれた、鈴と第一、第二フルートのhとfisの（つまり3度のない5度の音）白銀のような響きとそれにすぐ続くところでも、「急がず、のびやかに」と記されたテンポで、短い前打音つきのスタッカートでリズムが打ち出されているうち、第三と第四フルートが*f*、*sf*、*ff*と次第に強く鳴らされたのち、すぐ*dim*、 *p*となる。その間にクラリネットが入ってくるのだが、これは*p*、それから*dim*となったのち、ポコ・リタルダンドとなる。そうして、そうなったところに第一ヴァイオリン群がグラツィオーソ、*p*、で主題を奏しだす。このCDを聴いていると、このあたりだけでも、もう、実にたくさんの音の強弱のニュアンスの段階的変化がある上に、今言ったリタルダンドにも、クラリネットはポコ・リタルダンドとなっているのに、あとから入るヴァイオリンはウン・ポコ・リタルダンドとなっている。つまり、鈴とフルート第一、第二は*dim*－*pp*というだけで、テンポに変化は加えられない。また、第三、第四フルートは*f*、*sf*、*ff*、*dim*、*p*とダイナミックはさらに一段と細かく変わるのに対し、クラリネットとヴァイオリンだけには二種類に書き分けられたリタルダンドがあるのである。

それを、このシャイー盤は、恐ろしいほど正確精密にひきわけているのだ。

以下、このCDの演奏は、一口でいうと、全部、こういう変化についてミニマルの極限をゆくような配慮が加えられているのである。

私は驚嘆を通り越して、唖然とした。

ここではまた、ただ、オーケストラの各声部がみごとにそれぞれの分担を正確にひいているというだけのことではなくて、マーラーがほとんど神経症的細かさで書き込んでいるダイナミック記号から表情記号、テンポの変化の規定等々に至るまで、音にして入れている録音担当者の協力の結果でもあるのだろう。この交響曲のスコアのどのページを開いてみても、単に音の高さや長さといった普通の楽譜に書き記されているオタマジャクシだけでなく、文字による発想記号や指示が応接の遑《いとま》がないくらい、ぎっしり書き込んであることは、いまさら、言うまでもないかもしれないが、そのとき、――どこでもいいけれど、たとえば第二楽章の第一六五小節でいうと、第一ヴァイオリンのソロは*ff*で、ヴィオラとチェロ、コントラバスはみんな*pp*ということになっている。これは一方がソロで主旋律を受けもっているのだから当然だ。でも、このフレーズはその直前の第一六四小節から一〇小節続くのだが、その間にソロは*ff*、*pp*、*p*<*f*、*p*<*f*、*mf*、*ff*、*mf*、*ff*とあわただしく変化する一方、ほかの声部もそれと絡みあいながら――というより喰い違いながら、*pp*<*sf*とか、*sf*>*pp*とかというふうに変わるのである。その上に、この一〇小節のフレーズの前半と後半四小節ずつではホルンが別の旋律を「楽しく」吹きながら、参入しているのである。

　それだけなら、まだ、やれないことはないかもしれない。だが、ここでは、さらにフルートとピッコロとオーボエが交代で*pp*で参加するし、ティンパニさえ、太鼓と交互に*p*で弱拍にそっとリズムのあと打ちをするよう指定される。

　始めから終わりまで、こんな調子である。この演奏は、聴いていて、音楽がちょっと渋滞気味になって、感興がそがれる瞬間が時々ある。でも、そのためにドライで冷たいものになるどころか、その逆に全体を通じて強く濃厚な表現の音楽になっているところがおもしろい。ここまで「正確で」かつ「聴かせる」ものにするのに成功したシャイーをはじめコンセルトヘボウの音楽家たちは、やっぱり大したものである。

フィナーレに入って、初めて歌いだすソプラノのバーバラ・ボニーもすごくいい。この曲では、その前のポコ・アダージョの、トランクイッロの変奏曲があって、この演奏に成功して、聴く者に深い感銘を与えたあとで、フィナーレに入るや、がらりと変わって、モルト・ピアチェーレの音楽になるわけだが、前者にはほとんど宗教的瞑想の世界といってもいいような沈潜が求められ、後者では、その正反対の解放と浄福と、それからユーモア（これが、もしかしたら、ある種の人々には、キリスト教的というよりほとんど異教的な精神の介在を感じさせるのかもしれないのだが）の混在がある。私は、よく、この交響曲を聴いていて、第三楽章を聴いたあと、この終楽章を聴いた途端、何か次元の違う夾雑物をつきつけられたような気がして、聴くのをやめてしまうことがあるのだが、このCDでは、そういう思いをせずに、素直に快く次の世界に滑るように入ってゆくことができた。

本当に、このボニーという歌手は良い歌手である。歌がうまいというだけでなく、まさに「心のある」歌いぶりの人でもあるのだ。この演奏でいうと、スコアの練習番号で⑫以降、「テンポ・プリモ、極めてデリケートに、そうして終わりまでずっと神秘的に」という表情記号がついているところで——つまりは、これはコーダということになるのだろうが——多くの声部が*p*を三つ並べた音でひかれ、その上ヴァイオリン群とヴィオラは弱音器つきで奏し出してから、13で入ってくる歌では、ひときわすばらしい歌声が聴かれるようになる。「入魂の歌いぶり」とでもいってもいいのだろうか。これを聴いていると、キリスト教的か異教的かという設問それ自体が、余計なつまらない雑念でしかないような気さえしてくる。

ここでは、ほとんどすべてが*ppp*か*pp*の中でひかれる音の世界の中での出来事。ボニーはただ弱く小さく歌うというだけでなく、まさにマーラーの望んだ通りの Sehr zart und geheimnisvoll で歌っている。

この歌を聴いていると、ボニーという人が良い声をもった、歌のうまい、豊かな歌心をもった人というだけでなく、知的な点でも普通の歌手の域をとび出した抜群の存在だということがわかる。

ついでに書きそえておけば、ここでもオーケストラと歌との合奏の呼吸というものは、これまでの楽章での器楽同志と同じように、細かな点まで実にキッチリやられているのが聴こえてくる。その結果、——一例だけあげれば——八三小節目の後半、ソプラノがa－h－c－dと八分音符で音階的に上ってゆくとき、ヴァイオリンとフルートが同じ音階を符点音符つきのリズム（）をきっちりと出しながらひいているので、両者の間に喰い違いが生まれる。それもハッキリ聴こえてくる。ここでの言葉は Himmlischen つまり天国的というのだが、その言葉のもつ響きと意味が、この喰い違いによってひときわ目立ち強調されるあたりも、至妙の音楽的扱いということができよう。

このＣＤには、同じ顔ぶれによる演奏で、アルバン・ベルクの《初期の七つの歌》全曲も入っている。これもまた、歌手、オーケストラ、指揮の三拍子の揃ったすぐれものになっている。

交響曲第五番

ヘルベルト・フォン・カラヤン指揮　ベルリン・フィルハーモニー管弦楽団

CD〔グラモフォン　POCG三五二〇〕

相変わらずというか、このところというべきか、グスタフ・マーラーの交響曲のレコードが、次々と出てくる。最近のものではレヴァインの《第九》、それからテンシュテットが《第一》《第五》（その二枚ものの組合わせとして《第一〇》も入っている）という具合である。

レヴァインのことは、前に書いた。そのときの私の考えは、今度も変わらない。いかにも、マーラーの音楽のポリフォニックな特徴のよく出た演奏で、私はそれが好きだ。

これは私一人の好みというだけではないだろう。現に去年は西ドイツで大がかりなマーラー音楽祭があり、一八の都市で大小さまざまの交響楽団によって、彼の作品が――なかには同じ曲が別々のオーケストラで何回も――演奏されたのだが、この催しに随伴して、デュッセルドルフで、マーラーの専門家としてすぐれた業績をあげてきたパウル・シュテファンを議長に、これまたかなり大規模なマーラー・シンポジウムが開かれたとき、それに出席したアルノ・フォルヒェルト（Arno Forchert）が「指揮者としてのマーラー」という主題で、講演したが、そのなかで彼は「演奏家としてだけでなく、作曲家としても、彼の音楽の理想が、明瞭、鮮明、諸声部の含蓄に富んだ精確さといったところにあったこと、その点でマーラーはシェーンベルクの先駆者といってもよく、したがってまたロマンティックな薄明、明暗といったものとは逆のゆき方を尊重していた」と述べたそうだ（*Österreichische Musikzeitschrift 1/1980*）。くり返すようだが、私はレヴァインのマーラーは、まさにこの諸声部の鮮明、精緻な扱いが特徴と考えているので、この報告を読んで、我が意を得たりと思った。そういうレヴァインでさえ《第九》となると、やはりむずかしいらしく、大事なものがとりのこされている感じである。それをどういったらよいか。さっきの引用の用語をかりれば、なるほど精緻、明快には違いないが、「含蓄ある精緻」、あるいは、大芸術のもつ本当の「簡潔さ」まではいっていないといったらよいだろうか。私とすれば、レヴァインは、《第九》をやるより先に、若い番号でまだやってないものをまず順々に聴かせてほしかった。

テンシュテットのマーラーは、このレヴァインと逆をゆくものといったらいけないだろうか。彼のは、まさにロマンティックなマーラーである。といっても、この人も現代の人間だから、メンゲルベルクはいうに及ばず、ヴァルターはもちろん、バーンスタインといった、先輩たちの演奏とは違う。テンポは遅く、全体がもっさりした感じではあるが、メンゲルベルクの恣意、ヴァルターの甘美な憂愁、バーンスタインの興奮といったものはない。主観に溺れず、神経質でない、客観的な態度が基本にある。こういう彼の指揮が思いもよらぬ効果を——少なくとも、私に——及ぼしたのは《第一〇》のアダージョである。これはよかった。《第一〇》は周知のように、単に未完成というだけでなく、マーラーの意志をどのくらいまで実現し終えたものか、かなり疑問がある。もし彼が一楽章なりと「これでよし」として発表したとしたら、それは、今私たちの見ているスコアとかなり違うものになったのではないかという疑いがある。そういうことは別にしても、何しろ今遺っているスコアは弦楽合奏を主体に、管が加わったようなもので、当時のマーラーからは考えにくいようなオーケストレーションになっている。そのせいもあるのだろう、たいてい、この曲の演奏は、いつも、何かヴェールが一枚かぶさったような、血の気のうすい、音響のものになっている。ところが、テンシュテットで聴くと、それがかなりの程度まで、血と肉を具えた現実の音楽として聴こえてくるのである。そうして、もし、これが本当に書き上がっていたら、マーラーは今私たちが知っている後期ロマン主義音楽とシェーンベルク以後の音楽とのあいだにある、断絶とまではいかないにせよ、あの大きな隙間を見事に埋める仕事をしたのではないかと、空想したくなる。

以上のように考えてくると、マーラーの演奏には、まだ埋まっていない大きな空間があると痛感されてならない。それを埋める人は、可能性をもった人は誰だろう？と考えているうち、私は、カラヤンのレコードを思い出した。カラヤンがそれまで何十年かにわたる長いキャリアのあいだ、そっぽを向いてきたマーラーについて、何年前からか、急に強い関心を示し、演奏会にとりあげるようになったのはなぜだろう。彼のマーラーのレコードについては私は前に数言ふれた。だが、もう一度聴き直してみようではないか。

そう思って、私は、《第五》のレコードを、改めて、かけてみた。結果は、意外なくらいおもしろかった［グラモフォン　MG八〇五八〜九］*。

＊ベルリン・フィルとの一九七三年の録音、この番号（LP）は廃盤、CDは［グラモフォン　POCG三五二〇］。

ここでは、カラヤンは、作品のもつ二つの面を示している。その一つは純粋音楽というか、要するに露骨にプログラム的でも、感傷的情緒的なものを土台にしたものでもない音楽、だが、よく人が「無機的な」と悪口のつもりで呼ぶ、あの冷たいという意味ではなくて、「モーツァルト、ハイドンらの交響曲と同じ基盤に立つ音楽」としてのマーラーの《第五》を聴かすことをやっているのである。その最高の成果は終楽章である。その観点からみると、これは実にすばらしい、もしかしたら、これまで誰もやれなかった最高の演奏になっているのではないかと思われる。ベルリン・フィルの音も、さすがに見事であり、きれいに澄んでいる。しかし、すばらしいのは、さすがにバッハ以来のポリフォニー的音楽思考の伝統を身につけた楽員たちで、このフィナーレに出てくるフーガは上手というのを通りこして、痛快なくらい表情的で爽やかである。聴いていて、スコアの28（第六二三小節）ト長調の微妙な*pp*から出発して、ヘ長調を通過して、この交響曲の最終目標だったニ長調の輝かしい勝利へ到達し、そこでプレストで壮大なコラールが鳴らされるあたりは、すでに名演というほかないという気がしてくる。しかもそれは、そのすぐ前、つまり27第五九二小節あたりから*pp*のエスプレッシーヴォとグラツィオーソで、しかも一つ一つ、ぴちりと的を得たアクセントをもって演奏されてきた末の、輝かしい前進なのである。これは、単なる音の豊かさ、輝かしさ、爽やかなダイナミック、一つ一つの音のきれいさといった、いつものカラヤンのあの贅沢趣味とはまた一つ別のものなのだ。まさにポリフォニーとしての含蓄ある精緻と明確なのである。

同じことは、第三楽章のスケルツォについてもいえる。ただ、この楽章では、そのほかに普通のトリオに当たる、あのレントラーへの憧れの部分も重要な役を与えられている。そのリズムの呼吸のよさと艶っぽいメランコリーの味わい。その哀愁の暗がりをぬけて、スケルツォ主部にまた戻るまでの部分で、一つの「音楽の復活」の劇が演じられる。特に第一四一～三小節にかけての呼吸。

こういうとプログラム的になってしまうが、カラヤンは、それを純粋音楽を扱う態度で一貫しており、余計な表情などまったくつけないでいて、この成果を手に入れるのである。

こういう根本の態度があるため、第一楽章の「葬送音楽」的な雰囲気は稀薄になっている。あっさりしすぎるという人もあるだろう。いや、現に私もそう感じ、不満が残る。しかし、そういう人も、第四楽章のアダージェットで、十分以上に補償されることになる。ここでは、あのカラヤンが絶叫寸前の音楽をやってみせている。

交響曲第八番

1

私が、マーラーを少し注意して聴くようになってから、まだ数年しかたっていない。マーラーとの関係は、とてもモーツァルトとかベートーヴェンとかとのそれと同じように、子供のときから、ずっと馴染みになっていたというようなものではなくて、むしろ、はじめは何か長ったらしいばかりで、あまりおもしろいとは思わなかった。それまで私の馴染んできた、いわゆる「古典」というのはもちろん、逆にまたストラヴィンスキーとかバルトークとかいった現代音楽——今日となってみれば、むしろ「現代の古典」と呼ぶほうが正確なのだろうが——と比べてみた場合でも、マーラーの音楽で、まず、私のような聴き手にとって躓きの石になったのは、それがひどく主観的な性格をのっけから露骨に出していることだった。音楽の「対象」——というのも、おかしな言い方だが——になっているものが、「宇宙」だとか「自然の様相」だとか「救済」だとか、といった表象や思想であるような場合でも、それを考え、表現する作曲家の態度というのはきわめて主体的で、いってみれば、愛も宇宙の秩序も絶対自我みたいなものを離れて、その外部に存在するのではなくて、すべてが、これを想じる主体を通した視点、ないしは主体からの視点によって、価値づけられ性格づけられるといったところが、私には、はじめ馴染みにくかったのである。これは、ロマン主義といっても、シューベルトやシューマンといった人びとのそれとは、まるで、違うものだ。彼の交響曲がどのくらいの長さになるか、楽章の一つ一つの性格と様式と構造がどう構成され決定されてゆくか、すべてが、作曲家の「内部」の真実の表現としての役割からきめられることである。ソナタ形式とかロンド形式とか、あるいはレントラーとかいった形態をとっているときも、あれはベートーヴェンやハイドンたちの音楽における形とは、まるで違う根拠から生まれたものだし、結局は、同じ名で呼ぶのがおかしいくらい、違ったものになってしまうのだ。マーラーは、ある崩壊感覚を同時代の誰よりも鮮かに表現するのに成功した最初の交響音楽家だった。
　それが、次第に、この音楽を、外側からでなくて、内側から、作者の内的な必然としての芸術として見るようになったのについては、いくつかの機縁があったのだが、その最大のものは、故バルビローリの指揮した《第九交響曲》を聴くようになってからである。バルビローリによる実演は、私は《第五》しか聴けなかったが――そうして、これもすばらしかったが――、最初は《第九》のレコードにふれて、やっと、この音楽へのアプローチの基点がきまった、と今になって振り返って、言うことができるようになったのである。

2

以後、あるいは実演で、あるいはレコードで、私もいくつかのマーラーを聴いてきた。ことに、ここ数年来は、各レコード会社が、いろいろな指揮者により競ってマーラーの全交響曲や交響歌曲作品――《大地の歌》をはじめ、《子供の魔法の角笛》だとか《亡き子を偲ぶ歌》だとかといった管弦楽と歌との音楽をこう呼ぶとして――を、発売するようになるにつれて、マーラーを聴く私の耳も、しだいに、ひらかれてきた。

私は、たとえブルーノ・ヴァルターのそれによるのであれ、はじめ何かを聴いた途端に、もうマーラーがわかってしまって、あとの演奏については、あれが良い、これはマーラーでないなどというようになる人の、そういう凄い耳はもっていない。私のは、マーラーについてはさっき書いたように、大人になってからだんだんひきつけられてきたというわかり方だからさまざまのタイプの指揮者たちが、さまざまの地点から、この不思議な魅力を秘めた音楽に近づき、そこから、さまざまの「真実と詩」をひき出してくる、それについて歩きながら、あるときはひきつけられ、あるときは、そういうものがあったのかと学び、あるときは反撥し、あるときは物足りなく思い——といった具合にして、マーラーを聴くという体験の幅と深さを、次第に広げてきた——。これは、何も、こういう違った全部をたすと、そこにマーラーの全体像が再構成されてくるという具合にゆくのではないのだが、しかし、マーラー自体がごく多面的で複雑な存在だったうえに、彼が死んでやっと半世紀たったかたたないかの時代に生きている人間にとっては、正確な認識を得るうえに十分なパースペクティヴを手に入れるところまで、身を離してみるのは、どんな大指揮者、名指揮者の演奏をきく場合でも、そう簡単にはゆかないのだ。

そういう指揮者の中には私たちの体験の圏内からいって、当然メンゲルベルク、ヴァルター、クレンペラー、バルビローリ、セル、ベーム、バーンスタイン、マゼール、クーベリック、ジュリーニ、ブーレーズ、ハイティンクから小澤征爾、若杉弘等々の指揮者たちが数えられるわけだ。

その中で、ショルティについての私の聴き方をいえば、まず、その最大の特徴として、私は、彼が、マーラーを指揮して、その「近代性」(modernité)というものを極度に重視する音楽家だという点をあげたいと思う。

ヴァルターやバルビローリが、マーラーにおけるパトスを、情念的なものを最も忠実に、また高度な芸術的洗練と同時に流動性をもって表現したとすれば、それからクーベリックが、マーラーにおける「自然なもの」「素朴なもの」といった側面を、最も無理のない自然さをもって表現するのに最も適しているとすれば、そうして、セルやベームが、マーラーにおける多層的な構造を最も厳しくて情緒を客観性の中に摘出してみせるといえるとすれば、ショルティにおけるマーラーは、おそらく作曲者自身が最も内面的に高揚した瞬間に自作を指揮したときに実現した――あるいは実現したはずの演奏に近いのではないかと思わせる性格を、多分に、もっている。

ショルティは、周知のように、何よりもまずエスプレッシーヴォの指揮者である。「表出」の指揮者であり、彼の振幅が大きくて、烈しく、めまぐるしく動きまわる情念の世界はマーラーの情念の音階の全域にわたって覆いつくすにたる規模をもっているると同時に、ダイナミックのうえでも、スタイルのうえでも、極端から極端へと、巨大な飛躍でもってとびうつるマーラーの交響的な形式にも、むしろ手ぐすねひいたといった形で追いかけ、追いつき、後には追い抜いてしまったような、表現を与えるのを辞さない。ショルティは、明と暗との極度に強烈な対照で音楽を作る指揮者であり、それが、たとえばモーツァルトのように一見明快そうで、実はニュアンスの微妙を尊ばなければならぬ音楽の場合は、大切なものが失われてしまう憾みを感じさせないでもないのだが、マーラーの場合、これが一つの重大な武器となる。しかも、彼はマーラーの克明に書き込んだ指定に対し、ペダンティックといってもよいほどの丹念さで接する。その細かさはときどき偏執狂的と呼びたいくらいだ。

それに、ショルティという人の場合、この燃えるような情念の振幅の大きさと、峻烈をきわめた分析的な知性とでもいったものとが、一つのものの表と裏のように一体になっているのが特徴であり、それに加えて、オーケストラの音色の濃厚さと艶の強烈さの好みが合わさっている。マーラーの音楽には、一方では精神的なものへの渇望と、もう一方では官能美への耽溺という二つの側面が、すでに作曲者の内部で、いつも背反しあいながらも、お互いを強く育成していたといっても過言でない。この側面もまた、今言ったようなショルティの音楽家としての本質的な傾向からいって、ほかのどんな指揮者の場合より、劇的と言ってもよいような鮮明さと烈しさとをもって、表出されてくるのである。それにまた、レコードで聴く場合、私たちは、ショルティのマーラーは、しばしばロンドン交響楽団とか、シカゴ交響楽団の演奏で聴くわけだが、特にシカゴ交響楽団の演奏だと、管弦楽の音色の官能的な色彩美という点で、有数な楽団であるだけに、効果はいっそう強化される。洗練の極における音色美の与える陶酔感が、身をかむように鋭い知性により捉えられた構成的なものと闘いながら、相互に高めあうといった緊張がはりめぐらされているのが、ショルティのマーラーといってよいだろう。

私が前にふれたマーラーの「近代性」というのも、こういった矛盾と対立するものを含みながら、知性と情念の多様性、多層性のうえに成り立つ音楽といった意味だったわけで、こういう性質の音楽の演奏家として、ショルティは、少なくとも、私たちの視界に入っている現代の指揮者中でとびきりすぐれた芸術家と呼ぶことができる。それにまたショルティには、また鋭く外界に反応する神経質な敏感さがあり、これもまた、マーラーのものであった。ただ、ショルティの指揮するマーラーの緩徐楽章には、ときどき彼の落ちつきのなさ、性急さが必ずしもプラスになっていないと感じさせる瞬間のあるのは事実である。

ところでこのマーラーの《第八交響曲》の演奏には四六五人が参加し、三八個のマイクロフォンが使用されているのだそうである。こういったマンモス的巨大さをもった演奏で、音楽の正しいバランスと精密さを手に入れるのは至難の業だろうが、それ以上に大変なのは、作曲者がある手紙に書いたように、ここでは宇宙そのものが音を発し響きを立てはじめるのですというその想念の実現であって、私には、ショルティはこの課題に耐えぬき、それに見事な解答を出した、ごく少数の指揮者のひとりと思えるのである。

表現主義的ネオ・バロック　交響曲第九番

サー・ジョン・バルビローリ指揮　ベルリン・フィルハーモニー管弦楽団

CD〔EMI　TOCE三〇三九〕

1

演奏家にも、いろいろある。レパートリーの非常に広い人から、比較的限られた人。あるいは特にある曲については、天下一品と呼びたくなるほど、堂に入った妙技を聴かせる人。

もっとも、こういう言い方は、私本来のものではない。私は、ある曲について、絶対にこの人とか、これが唯一最高のものとかいう考え方は正しくないと思っている。だが、そんな私だってある人がある曲をひくのを聴いているその間は、これほどのものはほかにあるまいと感嘆するのは、けっしてないことではない。それに、こういう感激は、また、作品の質にもよるのであって、バッハとかモーツァルトとか、ずばぬけて「音楽の実質」の豊かな曲は、非常に多面的なアプローチを許す自由の余地があるのである。曲が厳密に高度に充実して書かれていればいるほど、そこに実現されている「自由」は大きい、その自由のあり方は、具体的には、それぞれ違うけれども、これは芸術の不思議の一つである。

さて、今、私のかつてとりあげたことのない曲、それからほかの場所でもふれたことのないと覚えている指揮者のレコードについて書きたいと思う。

2

日本でも、この一、二年ヴァーグナーの楽劇が次々と上演されるようになった。それから、これとどう関係があるかは別として、ブルックナーの交響曲のレコードが次々と出るようになりつつある。こういうことは、私たち、数年前までは、簡単に予想できないことだった。むしろ、日本人には、ヴァーグナーやブルックナーは不向きな理由があると考えてもよいような情勢だった。

だが、ヴァーグナーは言うに及ばず、ブルックナーの位置はヨーロッパ、特にドイツ、オーストリアを中心に中欧では今世紀に入って以来もう何の問題も残っていないほど、揺るぎのないものになっているわけだが、それに比べると、同じロマン派の最後を飾る音楽家グスタフ・マーラーの評価は、微妙な違いを見せているようだ。マーラーは、日本も含め、ある種の国では、ブルックナーよりはむしろ聴かれる機会も多く、ことに《大地の歌》をはじめ、《さすらう若人の歌》とか《亡き子を偲ぶ歌》のような交響的歌曲、ないしは歌曲的交響曲は広い人気を博しているように見えるが、ドイツ、オーストリアでは、必ずしも、そうではない。

この間も、日本のある好楽家に会ったとき、「ヴァーグナーをいろいろ聴いてみて、これまでベートーヴェン以後ではブラームスが最大の音楽家と思っていましたが、ヴァーグナーとは比較になりませんね」といった話を聞かされた。まさに、こういう感じ方になってきた人、そういう人が、ドイツ、オーストリアでは、ブルックナーをベートーヴェン以来の最大の交響楽作家と見ているのである。

その当否には、私は深入りしない。だが、そういうとき、マーラーは勘定に入らない。それどころか、一九六〇年、マーラーの生誕百年の記念講演のためヴィーンに赴いたテオドール・W・アドルノは、その講演で開口一番、「今日、マーラーの芸術活動の中心地ヴィーンに来て、マーラーについて話すものは、アテネに梟をつれてきたような感に襲われざるをえない」と述べている。これが、また、ヴィーンというものでもあるのだが――つまりこの都会の世界に比類のない独自の音楽的伝統というものは、二〇〇〇年の音楽界の動向について決定的な役割を演じたにもかかわらず、その中核を作った人物について、まことに特殊な扱い方をしてきたのである。

それだけに、私は、一九六六年の秋、ベルリン・ドイツ・オペラの一行が東京に二度目の公演をしにきたとき、ある夕べ、フィッシャー＝ディースカウやローリン・マゼールと食事をしながら歓談した折、マゼールの口から、来年はヴィーンの芸術祭（ヴィーンでは五月から六月にかけて開かれる）で、マーラーの全交響作品が、つまり交響曲はもちろん、管弦楽伴奏の歌曲のすべてを含む連続演奏会が開かれるという話を聞いて、驚いたのだった。「へえ！　ヴィーンでね」「そう、ヴィーンで。《第一交響曲》はプレートルが、《第二》はバーンスタインが、ベームがヴィーン・フィルを振って、クリスタ・ルートヴィヒの歌う《さすらう若人の歌》を、《第四》はザヴァリッシュ、《第六》はクラウディオ・アバードが、《第七》はブルーノ・マデルナ、《第八》はラファエル・クーベリック。私は《第九》と、ルートヴィヒの独唱で《亡き子を偲ぶ歌》の指揮をする……」

《第九交響曲》といえば、私も、いろいろマーラーを聴いてきて、《若人の歌》や《第四交響曲》になつかしみを覚え、《大地の歌》は言うに及ばず、「最後の歌曲集」の中の《リュッケルトの歌》《第七交響曲》なども大変におもしろい曲だと考えているけれども、少なくとも今のところでは、《第九》がいちばん、私の関心をそそるのである。それにマーラーという作曲家は、《大地の歌》と、それから特に《第九》にいたって、真の大家、巨匠に数えられる域に達した、というのが、目下の私の考えである。その《第九》では、バルビローリがベルリン・フィルハーモニーを指揮したレコード*で聴いた演奏が、私のこの感想を決定するのに力があった。

＊一九六四年の録音で、CDは［EMI TOCE三〇三九］。

3

バルビローリの《第九》がベルリンでセンセーショナルな成功を収めた、というのは、何年も前、新聞で読んだ話である。そのレコードが日本で出たと知って、さっそく、聴いてみたのも、もう二、三年前のことである。

一九六六年に、ベルリンからは秋のオペラの前、春にカラヤンと一緒にフィルハーモニーも来た。その折も、私は、フィルハーモニーの楽団長シュトレーゼマンと半日を楽しく過ごしたのだが、私は、このレコードにひどく感心していたので、彼に聞いてみた。シュトレーゼマンは、バルビローリを登用したのは自分だといって、ひどくうれしそうだった。「イギリスの指揮者を呼んだのは、本当に久しぶりのことだが、それは何も彼がイギリス人だからというのでなく、いつかイタリアで彼のすばらしい演奏を聴いたからにすぎない。ただ、彼の健康も考えて、これは冒険だとは思っていたが、マーラーの《九番》で、これほどの名演をしようとは、私も正直のところ知らなかった」シュトレーゼマンの話では、バルビローリが《第九》を振ったとき、聴衆はもちろん、楽員たちがまず感心してしまって、相当の古い人たちの間でさえ、「これほどのマーラー振りが、今日生きていようとは」ということになったらしい。それだけに、練習を重ねるごとに、演奏はますます熱を加え、密度を増した、という。

　このレコードは、実演があまり評判が良く、また楽員たちも、熱心に希望したので、実現したのだそうだが、そういった自発的な喜びは、このレコードを聴いても、感じられる。

　マーラーのオーケストラは膨大だといわれ、事実この最後の交響曲も、四管編成にハープや各種の打楽器を加えたうえに、弦は非常にしばしば、ソロにして使う。また、長大な第一楽章の再現部に当たる部分では、「突然速度を落として」と指示された木管も金管も弦も、それぞれ独奏で幾重にも絡みあいつつカデンツァを奏する個所があり、さもなくとも何重かの対位法的な書法が細かい網目をはりめぐらす。それから終楽章のアダージョは、弦楽合奏が主体になり、そこに木管、金管が、あるいは独奏的に、あるいは合奏的にときおりつけ加わるといった編成法がとられている。だから、これはもう、極度に合奏に長じたとびきり優秀な交響楽団であって、しかも、随所に出てくる独奏的な処理にも十分に対応できる名手の揃ったものでないと、一応完全な演奏はできない難曲なのである。マーラーは、ここでオーケストラのための協奏曲に非常に近寄っているといってよい。そのうえ、巧緻を極めたポリフォニックな書法と、調性音楽の限界をゆく複雑な和声処理、音色的な洗練と、リズムの錯綜が加わる。しかも、そういった書法は、もちろん、「音楽」の内容から出てくるのであって、これは、一応ソナタ形式に近かったり、三拍子のレントラーとかブルレスケのスケルツォ、アダージョのロンドといった、無理にこじつければ伝統的楽式で説明できなくはないにせよ、実質的には、そういう図式で分析できる点よりも、むしろ、一つの細胞的楽想の膨大で細緻な変奏的発展、拡大と変貌とみるべき手法が土台となっている。それに、編成こそ膨大だが、細かく見てくると、いつも管弦楽全体を使いきっているのではなく、むしろその時その時でみると、手段を最小限度に止めようと留意していることがありありとわかる。それほどの透明度と合理性に裏付けられた管弦楽曲なのである。

要するに、アルバン・ベルク、アルノルト・シェーンベルクの音楽が、そこから切れ目なしに続くその世界がここにあるのである。ベルクが詳細を極めた分析を捧げ、シェーンベルクが終生、マーラーのための熱烈な擁護にまわったのも故なしとしない。

表現主義的なネオ・バロック。もし、こういう言い方が許されるなら、そうして、この言い方でヴィヴァルディたちのあの簡明なバロックでなく、モンテヴェルディのあの極度の劇的迫力とバッハ、ヘンデルの極度の緊張度のみなぎった音楽を指向するものを考えてもらえるなら、そう呼びたい音楽。

エルヴィン・シュタインは「マーラーの音楽はたしかにロマン派に根ざし、そこから生まれたものには違いないが、晩年にいたって、彼はその複雑で分裂した感情のうえの出来事を少しも裏切らないままに、これを音楽のフォルムの形成の働きに移すのに完全に成功するにいたった」と言っているが、私は、この考え方に賛成する。主観的なものが芸術の中で客観化される。表現が形式を形作る。ロマン主義の内面を歩きながらのロマン主義の克服である。

ヴァルターのマーラーは、本当にすばらしいが、彼はあまりにもマーラーの時代の子であった。すぐれた芸術家を考える場合、同時代人というものが、どこで正しくあり得、どこでそうあることがむずかしいか。これは、私たちが、過去の天才たちの例で、よくぶつかることである。同時代に、あるいはそれに密着した時代に育った人たちには、一人の芸術家の成長したその環境は、直接的にとらえられるわけだが、その芸術家が、もし、たとえば、ベートーヴェンだとか、ドストエフスキーだとかのように、大きく成長し、一時に変貌してゆくような場合には、その全体の展望をもつのは、かえってむずかしくなる。ベートーヴェンの初期中期の作品が生まれるのを、その場で目撃していた世代にとっては、すでに《第三交響曲》や《第七交響曲》は逸脱と思え、「なぜ彼が《第一》《第二交響曲》のような『傑作』を書き続けずに、こんな複雑怪奇な作曲をするのか」、怪しいことと思えたのだし、まして晩年の創作は気が狂ったとしか見えなかった。

マーラーについてのヴァルターの理解は、基本的に師に忠実な弟子のそれであり、ヴァルターは愛情の深い、やさしい人間だったから、彼は師と仰いだ人の晩年にいたるまでよくついていった。事実、この《第九》も、その前の《大地の歌》も、周知のようにヴァルターが初演したものである。それはレコードになって、貴重な、そうして、ひどく懐かしい、ドイツ語でいえばaltväterisch年寄った父のような感じの遺産として、今日まで残っている。

だが、ヴァルターのマーラーは、初期のマーラーにより適していると、聴こえる。そうして、事実、マーラーは、今日の私たちには、初期のほうが、まだなじみやすく、親しみやすい。あとは、《大地の歌》を除けば、どの曲が、世界の交響楽団の普通のレパートリーに入っているだろうか?

マーラーを指揮しては、今日、世界的にいっても、アメリカのバーンスタインとドイツのクレンペラーが最もよく知られている。この二人は、最近も日本で二人の振った《大地の歌》が同時に発売されたので、聴かれた方も多いだろう。また、バーンスタインは、マーラーを次々とレコードに入れている。私もこれまで彼の《第二》《第三》《第四》《第八》など、次々と楽しんできた。《第九》についても、彼の指揮のレコードが聴かれるのも、そう遠い将来のことではないだろう。彼のはもう、マーラーの全発展を熟知し、その後の音楽の展開も経験してきたうえでの指揮である。

　だが、《第九》に関しては、私は、くり返すが、このバルビローリのレコード以上のものを知らない。バルビローリという人の指揮は、私は一昔前イギリスでチャイコフスキーか何かを聴いた以外、知らなかった。レコードもあまり多くないのだろう。どうして、この人がマーラーの《第九》をこんなに深くつかまえているのか、見当もつかない。だが、そういうことがわからなくとも、この演奏が断然すぐれたものであるという事実は、どうにもならない。その最大の目印は、私見では、テンポの正鵠さである。この音楽はテンポをしきりと動かさなければならないし、それは音楽の性格の正しい把握と関係して動かさなければならない。そのとき、ヴァルターは、私には甘すぎるのである。第一楽章の複雑なポリフォニックな織地の処理。こういうポリフォニーは、まったく晩年のマーラー独特のものだし、ヴァルターの領域ではない。第二楽章のアルカイックで無骨なレントラーから始まって、対照の楽想をまじえながら変奏を続ける音楽。無骨で、しかも洗練されており、センチメンタルなノスタルジーと距離をおいた省察とが共存している音楽。それから第三楽章の、これまた独特を極めたポリフォニーの中に織り込まれた道化と反撥の組み合わせ。そうして最後に、これこそは、マーラー一生の絶唱であるアダージョ。言葉がなくとも、《大地の歌》のどの曲よりもっと直接的な「生への訣別の歌」であるアダージョ。もっと直接的であり、もっと傷つきやすい透明さで終始しているアダージョ。それだけに、私は、ここでも、これをあまりにも甘美な歌として扱う演奏には耐えられないのである。「きわめてゆっくりと、そうして抑え目に」とマーラーはこの楽章の冒頭に書きつけていた。この対位法的な純粋さは、ブラームスはもちろん、ブルックナーにも、晩年の《メタモルフォーゼン》のR・シュトラウスにも、ないものである。以上を通じて、バルビローリには、誇張も粉飾も感傷もないのに、表現はいつも張りつめている。これは新古典主義的な知的な扱いでも、もちろん対象にべったりついたロマン主義的情緒一辺倒でもない。劇的だが演劇的芝居的ではない。建築的だが構成偏重ではない。そうして抑え目だが、必要な名人芸を抑えない。

マーラーの交響曲第十番について

マーラーは交響曲を九曲書いたということになっている。しかし、これは完成された交響曲として発表されたものが九つあるということで、《第九》のあと、もう一曲書き出したのだが、書き上げるまでに至らず、死んでしまった。その後には第一、第二楽章と第三楽章の頭のスコアの原稿、それから省略された形でのスコアやスケッチの多数が残された。それを精細に調べて、より完成した形のものにして演奏しようとする試みがあったが、なかでもイギリスの音楽研究家デリック・クックが残されたものを細かく調べて整理し、補筆も加えながら、一九六〇年、全部で五楽章の交響曲として提出した。そうしてこれは《第十交響曲》と呼ばれて、演奏もされたのだが、彼はまたその後も研究を続け、一九六四年修正版を出した。以来、この版によるマーラーの《第十交響曲》はいろいろの指揮者によって、演奏されるようになった。

またクックの版にあきたらず、別の読み方をした人として、たとえばジョー・ホイーラーのような例もあるし、クックの前にもすでにマーラーの未亡人アルマの頼みを受けて第一と第三の二楽章版のものを作ったエルンスト・クルシェネクの例もある。こういったことはマーラーの音楽に強い関心をもつ人たちなら、もう知っていることだろう。また日本には長木誠司さんの『グスタフ・マーラー 全作品解説事典』（立風書房）という最高の品質の手引きもあり、これを読めば以上の経過についても、簡にして要を得た知識がいっぺんに手に入る形になっている。

私も、ご多分にもれず、以上のことぐらいはうろ覚えに知っていた。それに何年だったかしら、たしかクックの修正版が出たのを機会にオーマンディがフィラデルフィア管弦楽団を指揮して出したLPをさる人におくられたことがあり、それをきいてもいた。

それから書き落したが、クック版でも、完成されたことになっている第一楽章アダージョだけを取り出して演奏する例は少なくなく、バーンスタインや小澤征爾らのマーラー交響曲全集にも入っている。

このアダージョは本当にすばらしい、感動的な音楽だから、私も何度かとり出してきいてきた。しかし、あとのものになると、他人の手が入っていて、全部が全部必ずしもマーラーのものともいえないという事実が邪魔になって、あまり熱心にきく気になれずにいた。

ところが、今から半年くらい前になるだろうか、たまたまロバート・オルソンという指揮者がポーランド国立放送交響楽団を振ったマーラーの《第十交響曲》（ジョー・ホイーラー再構築版による）というCDが私のところに持って来られた。それを、ある日、きいてみた。

これまで、オーマンディ盤でも、終りまできいたことのなかった終楽章の最後の音が鳴り終った時、私はこれまでの「どうせ、全部が全部、『本当のマーラーのもの』とはいえないものなのだから……」と考えて、きくことに消極的になっていた気持ちに変化が生じた。音楽の鳴り終った装置を前にして、私は自分が「たしかに、マーラーは完成することなく死んでしまった。しかし、こんなに多くの人たちを、自分の良心にかけて、学問的にも芸術的にも最善の努力を払っても、『ちゃんと初めと終りのある、一つの作品』として仕上げずにいられないような気持ちに駆立てたものは何だったのか？　彼らを、こんな偽作者まがいの仕事になりかねないものに精魂を傾けるところまでもっていったものは何だったのか？」と考えてみようとしているのに気がついたのだった。

言うまでもない。それだけ「この音楽」には大きな魅力があるからである！　それは、マーラーについてすでに九曲までの大交響曲――と幾つもの声楽曲も含めて――を経験して来たものにとって、なお、これまで味わったことのない新しい音楽の世界を、この巨大なトルソは、一部では啓示し、一部では示唆しているからである。クックをはじめ、このマーラーが未完成のまま残した作品――さまざまの完成度の違いの中で、存在しているさまざまのスコアとたくさんの草稿の秘蔵している「音楽」――を源泉までさかのぼって究めようとした人たちは、いってみれば残された手がかりに助けられながら、これまで誰も入ったことのない「音の秘境」の中に足を踏み入れ、ついにこれまで日の射しこんだことのない洞窟の奥深くまで入っていって、手探りでもってその洞窟の壁に刻まれている傷痕のような凸凹を辿りながら、その意味を読みとろうと努力した。クックやホイーラーの発表したスコアは、その記録にほかならないのである。

これに気がついた私は、それから、このオルソン指揮のCDや、シャイーのマーラー交響曲全曲録音にある《第十番》全五楽章（これはベルリン放送交響楽団の演奏）のCD、それからラトルの二枚などを、つぎつぎときいてみてきた（ご承知の方も多かろうが、ラトルにはボーンマス交響楽団と入れた一九八〇年のCDとベルリン・フィルと入れた一九九九年のライヴ盤CDとがある）。

正直いって、私は、まだ《第十》のすべてがわかったとはいえない。本当はもう少し勉強をしてから書くつもりでいた。しかし、今は、私がこの交響曲について勉強する気持ちになった最も強い動機――私がこの曲に強くひかれる点といってもいい――

の二つ、三つについて、覚え書風に略述しておきたい。

その一。

みんなは――そうして私も――マーラーは《第一交響曲》から《第四》までは《子供の不思議な角笛》を軸とする声楽曲、つまりは言葉をもった音楽、何がしかの概念的なものにかかわる、広い意味でのプログラム・ミュージックの一種に近いものであったが、《第五》以後は、それから次第に離れ、純粋器楽的なものになっていった。そうして、《第九交響曲》はその系統の頂点となるといったような考え方をしているけれど、マーラーは、《第五交響曲》以後だって、一度たりと純粋音楽を書いたわけではなかったのだ。これは《第八交響曲》とか《大地の歌》のように、《第五》以後書かれた大作の存在が示唆しているだけでなく、《第九》から《第十》に至っても、言葉ではっきり示しているか否かは別として、それぞれの曲の音楽そのものが、筋書きを語っている。

たとえば、《第六》での例の（アルマの回想に出てくる）「アルマの主題」の性格、それから同じ交響曲での主人公の頭めがけて「運命が下したようなハンマーの打撃」のモチーフの度重なる出現など、リヒャルト・シュトラウスやリストたちのそれに劣らないくらいの――性格は違うけれど――明瞭なプログラム的発想である。

その二。

譜例1

譜例2

譜例3

今いったアルマのモチーフ［譜例1］。これを長木さんは「奔放な性格が描写されているようである」と呼んでいる。たしかに、そうかもしれない。しかし、当否の厳格な判断は読者にお任せするとしても、私に言わせれば、これは極めてエネルギッシュで躍動性にとんだ、そうしてきくものの心に訴えかけ、気持ちをひきつける魅力にとんだ、さらにこういってよければ、相当濃厚な仕草を伴ったコケットリーにも欠けていないモチーフである。なお、くわしく、これが出てくる箇所とそのまわりの音楽の全体との関係をみるとおもしろいのだが、それは今は省略する。

　このモチーフを、たとえばベルリオーズの《幻想交響曲》で使われた「恋人」

のそれ［譜例2］と並べてみると、マーラーのモチーフの性格づけの特性は、一層はっきりするかもしれない。

清純そのものといったら言いすぎかもしれないが、アルマのそれが躍動し跳ね回る形姿を思わせるとしたら、これははるかに静止的で、淑やかな動き、ゆっくりと位置を変えてゆく人の風情を思わせずにおかない。しかしまた、だからこそ、ベルリオーズは、この導入部に続く幾つもの違った性格の楽章に、それに応じて変らぬ人として、あるいは醜悪でグロテスクなものとして、このモチーフを（原形で、あるいは変形させて）使うことができたのである。アルマのモチーフは、そういう中立、中性的な使い方をする余地は余りない。ある必要はないのだ。

その三。

ところで、《第十交響曲》の場合、私を最初から魅惑したものの一つは、第一楽章の主題のもつ比類のない音楽的風姿であった。ヴィオラだけでひかれる第一主題のすごい魅力もさることながら、きくたびに背筋に何かが走ってゆくような（つまりゾクっとするような）牽引力をもった第二主題［譜例3］。「暖かい」分散和音の大きな音程の飛躍と音階的進行との交錯を主体として、終りのない歌のように延々とのびてゆく旋律主題はきくものの心を一遍にとらえて、いつまでも手放さない。

私はきいていて、ここにも、音楽史上ほかにあまり似たもののない「音による肖像」が目の前に浮ぶのを知覚する。

それにまた、この主題が——あるときは反行型をとったりもするのだが——再現、三現する時の、その提示のされ方の見事さ。そのたびに、私は今いった「肖像」の浮ぶのを見て、心を奪われる。

その音による肖像の人の姿は、どういったらいいだろう？　私はヴァーグナーにだって、これだけの魅力をもった人の肖像を見たことがない。《第十》のマーラーは《第六交響曲》のマーラーよりも格段に魅力的な人を描くところまで来ていたのである。

うんと幅の広い音程の飛躍。これはすでに《第九交響曲》……あの終楽章の始までのオクターヴの開始に流れをひいている。そうして、これは遡ればブルックナーの《第九交響曲》の第三楽章アダージョの開始を告げる合図から来たのではないかと、私は思うし、ブルックナーはもしかしたらヴァーグナー、たとえば《トリスタンとイゾルデ》の前奏曲とか《神々のたそがれ》のブリュンヒルデのモチーフ［譜例4］から汲み取ったのかもしれない。

ブルックナー《第九交響曲》の終楽章の発端［譜例5］。これはまさに《トリスタン》前奏曲の延長線上にある。

譜例４

譜例５

譜例６

こうして、マーラーはヴァーグナー、ブルックナーの系譜の上にあるのだが、それは水平の線つまり旋律的次元だけの話でなくて、和声の上でもはっきり認められる。その角度からみても、この《第十交響曲》には注目すべき響きが出てくる。これこそ、私がこの曲に特別の関心を払わせずにおかなくなった重要な点でもあるのだ。

その四。

もう、あんまりゆっくり書けなくなったが、この《第十交響曲》では、私は第一楽章と終楽章（第五楽章）の両方で、終り近くすごい不協和音——というより、まったく特異な重圧感をもった音——の塊を柱とする、すごい響きの柱をもった強音部の出現と、そのあとに来る、これまた簡単に前例のみつからないような弱音を連ねた静寂の音域での出来事の出現に、驚嘆し、感心し、魅せられるのである。この恐ろしいほどの——破局的ないしは破滅的といってもいいような——ダイナミズムと表現の手法は、これまでの彼の曲にみられないもので、《第十交響曲》ではじめて達成された。

それはまず第一楽章で起こる。スコアでいうと第一九四小節から二一二小節に至る——この楽章の音力上、表現上のクライマックスといってもよいような楽段が出てくる。それは管楽器の全奏のコラール的な主題（そこに弦がハープも一緒に分散和音で支援し、彩り、飾る）で始まり、やがて二〇四小節で、今いったすごい音の塊——七つの音を重ねた和音のフォルティッシモを呼び起こす。それは音域を要約しながら下から並べるとこうなる［譜例6］。

正に轟然たる音塊の爆発である。すごい重圧感、威圧感をもって、私たちに迫ってくる。そうして、この和音が二度炸裂したあと、二一三小節から、あの蠱惑的な容姿の第二主題が今度は反行型で初めの四小節をきかせたあと、曲は第三主題のあと、逐次終息に向かって静かに歩む。

これは、以前から、この一楽章だけの演奏でも味わえたものではあるが、今「全曲」をきいたあと、もう一度ふりかえると、限りない深みをもって、私たちを不思議な国に誘ってゆく。これを味わったもので、しかもクックのように、さまざまの仕上げの度合いをもった多数のスケッチの存在を知ったものが、それを補完しようという意欲にかられたのは少しも不思議ではない。

私は、この重圧感をもった複雑な和音も、また、ブルックナーの流れを汲むものではないかと考える。たとえば、《第九交響曲》の終楽章のクライマックスで（練習番号のAからBに続く楽段）バスがfisからf、そうしてeに下降してゆく時、その上に重なる恐るべきトゥッティのフォルティッシモからピアニッシモへの移りゆき。

第一楽章と同じような、ほとんど強圧的脅迫的ともいえなくはないようなフォルティッシモとそのすぐあとに続く静穏への移りゆきは終楽章にもみられる。私にとっての終楽章の最大の魅力の一つはそれであり、クックがこの楽章の「仕上げ」にひかれたのも、ここに原因のひとつがあったのではないかと思う所以《ゆえん》である。それは第二六七小節、plötzlich sehr breit というマーラーの表情記号の書きこみのあるところに出てくる。第一楽章の第一八八〜一九三小節の楽節が突然、*fff* で回帰してくる。そうして、その直後にあの時の七つの音からなる和音が轟然と爆発する。そのあと、第一楽章のいちばん最初のヴィオラによる主題が（まるで「まだ全部が失われたわけではないのだ」と慰める歌でもあるかのように）、十五小節引用されたあと、終楽章の二つの主題を幾つかの調性に移りながらもう一度歌わせながら、音楽は長い長い終息への歩みに入る。この対照の烈しい劇的な効果の目ざましさ。終焉の時を刻む歩みの痛切さ。

この楽章は、マーラーのスケッチからクックがまとめた部分であるから、マーラー自身のオーケストレーションだったら、どんなだったかは、私たちには想像するほかない。しかし、この動と重と強から静と軽と弱への進行のもつ働きは言いようのない「訴えかけ」の力をもっている。

私は《第十交響曲》の演奏について、ほとんど書く能力をもっていないのを自覚しているので、読者にはごく少ししか伝えることはないのだが、まず最初に上げたオルソン盤には、クック版とマーラーのスケッチを読み解く仕方とそのまとめ方について多少の違いがあるらしい。しかし、私はそれをはっきり指摘するところまでいってない。それを前提にして言わせていただくと、この盤は表現の飾らない真面目さと暖かみにおいて、無視できないものとなっていると思う。簡単にいうと、私はこの曲をこの盤できくときは少し安心してきいていられる。

それに反し、ラトル指揮のＣＤでは、ボーンマス盤もベルリン盤も、緊張の度はぐっと高くなる。ことにボーンマス盤がそうだ。ベルリン・フィルのほうがいろいろな局部局部でアッと思わせたり、唸らせたりするところがあるのはいうまでもないが。

また、そんなことよりも、ラトルは、クック版によりながらも、第四楽章第二スケルツォが打楽器のピアニッシモで終結したあと、アタッカで終楽章に入る時、クック版にある休止とは違うやり方で突入する。たしかに、これはより目ざましい効果をあげるやり方であるように思われる。もしかして、マーラーの残したものにはそういう手段を示唆するものがなかったとしても、すでにいろいろと補完しているのだとしたら、これも許されるべきことかもしれない。私には、それ以上のことはいえない。ただし、オルソン盤はラトルと違うが、これまでのところ、それを不満と思ったことのないこともつけ加えておこう。

シャイー盤は、以上の三枚に比べると、なんというか、おとなしい。それも穏当というより、むしろ、考え深く、じっくり曲と取り組んでいる姿勢が感じられる。しかし、それがラトルらに比べて、一口にいって、よりマーラーに適しているとは言えないだろう。

以上、私がまだ本当にわかったというところまでいってないのに書いたのは、マーラーは嫌いでないが、《第十交響曲》となると、これまで敬遠したり、無関心のまま放置してきたという読者に対して、思い切って、一度、きいてみることをおすすめしたいと考えるからである。

私は第二楽章から第四楽章に至る三つの楽章については一言もふれなかった。これらの楽章も、ほかの交響曲のスケルツォや抒情的緩徐楽章に比べて、きき劣りするというわけでもない。しかし、終楽章をきかなかったら、さっき書いたように、私は第一楽章のアダージョだけで満足したまま死んでしまっていたことだろう、たぶん。

参考ディスク

ロバート・オルソン指揮／ポーランド国立放送交響楽団／Naxos（マーラー《交響曲第十番》）

ラトル指揮／ボーンマス交響楽団／ベルリン・フィルハーモニー管弦楽団／EMI-TOCE11441／EMI-TOCE55155（マーラー《交響曲第十番》）

シャイー／ベルリン放送交響楽団／Dec-POCL（マーラー《交響曲第十番》）

大地の歌

マーラーはプラーハの高等中学を経て、一八七七年ヴィーンの音楽院に入った。同じ頃にヴィーン大学で和声学を講じていたブルックナーの講筵に連なったこともある。それからドイツ・オーストリア各地で指揮者を勤めたのち、一八九七年、ヴィーンの帝室付楽長を経て、宮廷歌劇場の監督指揮者になった。

一九〇七年まで一〇年間の彼の行動は見事なもので、当代一流の大指揮者としての実践と見識によって、ヴィーンを再び欧州の音楽の首都の一つにした。一九〇七年、反対派の陰謀もあって職を辞し、ニューヨークに渡ったが、一九一一年咽喉炎にかかって帰国し、その年の五月ヴィーンで五〇歳の生涯を閉じた。

マーラーは、《さすらう若人の歌》《亡き子を偲ぶ歌》等の管弦楽伴奏の歌曲集も書いているが、彼の作品の中心は九つの交響曲である。そのうち《第一》から《第四》までは、ドイツの古い童謡集《子供の魔法の角笛》の歌を織りこんだものだが、《第五》から《第七》までは純然たる器楽曲である。《第八》は再び合唱と独唱をとり入れた「千人の交響曲」と呼ばれるほどの膨大な交響曲だが、《第九》（遺稿）ではまた器楽に戻っている。

マーラーは、ヴァーグナーが楽劇のなかで総合したものを、交響曲の枠の中でやろうとした。つまり交響曲の形式と枠を維持しながら、思想的な深さ、言葉を歌う人声、ロマン的な抒情性といったものを、そこに織り込もうとしたのである。その結果は曲は非常に膨大複雑なものにならざるをえなくなった。

あるいは、もっと外側から見れば、彼の音楽は幾世紀にわたって蓄積されてきたヨーロッパ音楽文化の遺産の重みに押しつぶされ、それぞれの間で、矛盾し排斥しあうものがあっても、それを選び分け、とりのぞくのでなくて、何も彼も一身に背負い込んでしまった、いわゆる世紀末の混沌と苦しみの反映だともいえるだろう。マーラーの音楽までくると、われわれは、あのドイツ音楽の伝統が、あとからくるものにどれくらい重荷になってしまったかを感ぜずにはいられない。

彼の作品には、天才的で絶妙な音楽的着想がふんだんにあるのだが、その反面あやうく通俗の域すれすれの感傷的な側面も聴き逃せない。

《大地の歌》は一九〇八年の夏に書かれた。今までの習慣によれば、当然《第九交響曲》と呼ばれるはずのものだが、彼はそれを避けて、単に「テナー一、アルト（またはバリトン）一と大編成の管弦楽のための交響曲」と呼んだ。ハンス・ベートゲのかなり自由に独訳した李太白、孟浩然、王維ら中国の古詩人の詩による六つの歌が、それぞれ一つの楽章をなしている。形式は各楽章ともかなり自由で、厳格な形式よりは、雰囲気と情緒の展開にぴったりするように書いてある。

第一曲は〈大地の苦悩を歌う酒の歌〉。「金の盃に酒は満たされた。盃をあげる前に、一曲を歌おう。生は暗く、死もまた暗い。天は青く、大地は揺るぎなく、花は咲き乱れているが、人の命ははかない。いざ、友よ、君の盃をほせ」といった歌詞による暗く官能的な歌が、テナーによって歌われる。ここばかりでないが、導入や間奏に使われる管弦楽の使用法は、すこぶる印象的である。

第二曲は〈秋に淋しきもの〉。「秋の霧がつめたく湖面を渡る。心は疲れ、憩いを求める。孤独のうちに心ゆくまで泣こう」云々の歌詞をアルトが歌う。

第三曲は〈青春について〉。ここには、南画にでもみるような池中の亭に相対して閑語する若者たちの姿態が描かれているが、テナーの旋律は前の二曲とは対照的にいかにも明るい。

次（第四曲）の〈美について〉も、岸辺に花をつむ乙女たちと、その側を馬にのってかけ去る若者たちのしなやかな肢体の美しさが印象深く歌われる。

第五曲は〈春に酔うもの〉。「生が一夜の夢にすぎないのなら、あがくのをやめ、むしろ終日盃を傾けよう。春はここにあり、鳥は歌う。月が酔い空を渡る。願わくば、このまま酔わしておくれ」諧謔味のある曲で、テナーが歌う。

以上の比較的明るい中間の三楽章が終わると、再び初めの暗さが戻り、第六曲〈別れ〉がアルトによって歌われる。これは、これだけで、全曲の約半分に及ぶような大きさをもち、全曲の終わりというより、核心にして結論のような位置を占めている。特にその冒頭の、やつれはてた無力な空虚な感じは、中国の詩人への共感を通りこして、マーラー自身が無意味な宇宙から別れをつげているようだ。後半は、王維の五言詩「下レ馬飲二君酒一 問レ君何所之 君言不レ得レ意 帰臥二南山陲一 但去莫二復問一 白雲無二盡時一」によっている（以上漢詩の出典については、コロムビア・レコードに山根銀二氏の寄せられた解説によった）。

はじめの曲にみられた五音音階のド・ミ・ソ・ラの四つの音が、あるいは旋律として、あるいは和音として出没し、全六曲を統一する素材として巧妙に使用されている。

マーラーの歌

四家文子さんが亡くなった。

四家文子さんといっても、いまの若い音楽ファンのどれくらいの人びとがピンとくるか、私には見当がつかない。しかし、彼女は、かつて――戦前――日本の第一級のアルト歌手だったし、特に日本語の歌い方について、すぐれた見解をもっているので有名だった。お弟子さんも多かったに相違ない。いや、「多かった」と過去形でいうのでなく、戦後だって後進の指導には熱心に当たっていたのではないだろうか。そうしてみると、私の杞憂とは逆に、四家さんは、少なくとも、日本の声楽界では、隠然たる大勢力をもっていられたのかもしれない。

私は、そういうことには、さっぱり不案内なので、はっきりしたことは言えない。四家さんが亡くなられたと聞いて、まっさきに思い出されることは、私たち戦前の音楽青年にとって、グスタフ・マーラーの管弦楽つきの歌曲などを、彼女の独唱で初めて聴いたときのことである。四家文子さん、それから関種子さん、こういう人たちが、ローゼンストックの指揮する、当時の新響――いまのN響――の定期で歌うのを聴いて、私など、マーラーのこの種の歌を知ったのだった。

私の記憶では、四家さんでは《亡き子を偲ぶ歌》を聴いた。関種子さんでは《子供の魔法の角笛》からの〈美しいラッパの響くところ〉とか〈ラインの伝説〉とかを聴いたはずだと覚えている。〈魚に説教するパドゥヴァの聖アントニウス〉〈こんな歌を思いついたのは誰?〉なども、そのなかにあったかもしれない。

いずれにしろ、それから、少なくとも四十何年はたっているだろうに、マーラーの曲の甘く苦い音楽の味が、当時の自分の青春の思い出とともに、いまだに、私のなかのどこかに生きている。ローゼンストックや関種子さんとともに、四家さんへの感謝を、四家さんの死を機会に、一筆書いておきたい。

そういえば、何年か前、ドイツのシュヴァルツヴァルト(黒い森)地方に住む友人を訪れたとき、どだい平原が主なドイツには珍しい、やや丘陵をゆくといった趣のある、狭い谷間を汽車が走っていく折、線路沿いにごく小さな、浅い川がしばらく流れてゆくのを見た。川幅は、そう、二、三メートルだろう。しかし、いかにもきれいに澄んだ気持のよい流れだった。「何という川かしら?」と思って、前の席に坐っている人に聞いたら、それがネッカー川だった。〈ラインの伝説〉に出てくる、あのネッカーである。

「今日はネッカー、明日はライン、
草刈り稼業の私には、
佳い人が見つかっても
あっというまに、またひとりぼっち……
「今日はネッカー、明日はライン、
渡り歩いて草を刈る
いっそ、私のこの金の指環
川の流れに投げてやろ、
「指環はネッカーを流れており、
指環はラインを流れており、
泳ぎに泳いで、行きつくさきは
深い海の底の底……

思いもかけず、狭い、けれどもきれいな谷間の流れに出会った私は、これがあのネッカーかとびっくりし、そうして、マーラーの歌が無性になつかしく思い出された。

そうして、青春の一刻に聴いた、この歌が、自分にとって、思いがけない深いところまで沈潜したまま、生きていたのに気がついた。初めて聴いたときの私が、この歌をどれだけ理解したか、あぶないものだったのに。

四家さんの訃報に接したとき、私は、今月の『レコード芸術』の連載は、マーラーの歌のレコードにしようと考えた。

『レコード芸術』が一九八一年版として出しているカタログを見ると、マーラーのレコードは、今は大変な数にのぼる。ひところ前までは考えられない数である。話を歌曲だけに限ってもずいぶんある。私は、そのうちの何分の一しか知らないだろう。こんな状態では、いまからその全部を聴いて――聴き比べて――書くなどということは、私の能力をはるかに越える仕事となる。私は、やっぱり、自分の知っているもの、これまで、楽しんできたものを中心として、それに、せっかくの機会だから、少々ガンバッテ、何枚かの新しいものを聴いてみることにしよう。

そう考えて、まず、四家さんと関さんにちなんで《子供の魔法の角笛》第一、第二巻から始めるとすれば、いまは亡きジョージ・セルがロンドン交響楽団を指揮した盤、シュヴァルツコプフとフィッシャー＝ディースカウの歌った盤に、まず、手が伸びる[エンジェル　EAC八一〇八八]*。やっぱり、これは、かけがえのない名盤ではないだろうか。マーラーを歌うシュヴァルツコプフは、必ずしも、最高の適任者であるかどうかはわからない。彼女の声と芸風からいって、マーラーは、彼女の天然自然とぴったり合ったものではなかろう。それで彼女は、いろいろ技巧をこらし、語りかけ、話し上手の「うまさ」を発揮する。作品と彼女のあいだに、一つの隙間があるからだろう。しかし、その語りかけ、話し上手——つまりは、ドイツ語でいう unterhalten——の楽しみは、さすがに他の歌手に比し一頭地を抜いている。たとえば〈歩哨の夜の歌〉でのフィッシャー＝ディースカウとのかけ合いのあと、最後にくる彼女の出番では、一脈、鬼気の迫るものがあり、不思議な妖気が漂う。死んだ歩哨の魂が叫ぶのだ。

「止まれ！　誰か！　そばによってはいかん！　こんな時間に、ここで歌を歌ったやつは誰か？　深夜、歌ったのは、ほかならぬ、失われた（死んだ）歩哨」

（私の手もとの盤には西野茂雄氏の対訳があり、そこには Verlorene Feldwach に「最前線の歩哨」という訳がついているけれど、これはどういう意味かしら？）

＊一九六八年の録音、この番号（LP）は廃盤、CDは［EMI　TOCE三〇五九］。

それに対し、フィッシャー＝ディースカウのすばらしさは、もう、言うことがない。このレコードは、一〇年以上前のものだろう。それだけ、彼も若かったわけで、脂の乗りきった盛りというべきか。とにかく、私はまったく満足し、楽しんでつきることを知らない。たとえば、いちばん軽くて、呑気そうな〈この歌を思いついたのは誰？〉

を聴いてみても、“Dein rosiger Mund/Macht Herzen gesund/Macht Jugend verständig……”(ばら色のお前の口が、ハートの傷をいやし、青春の何たるかを教えてくれる……)のあたり、一段とテンポが上がり、歌声の熱が上がり、気が狂いそうになる。悩ましいばかりの憧れ、恋情の炎。

しかし、このレコードで、私をいやがうえにも楽しませてくれるのは、このご両人にセルが一枚加わっていることである。ドイツ歌曲にかけて、現代最高の歌手を二人揃えたうえに、いやがうえにも、この演奏の価値を高め、充実させているのが、セルの指揮するオーケストラの微妙を極めたニュアンスの動きの見事さなのである。これを越す人はいないのではあるまいか? セルのは、どちらかというと、息の長い歌より、短い、一瞬にしてパッと明暗ところをかえるような小品、あるいは聴く者の肺腑をさスずにはおかぬ風刺の味わい、あるいは痛切な響きをやわらげるユーモア、心底から噴き上がってくる苦悩の叫び、絶望と戦うやさしさの響き……こういった類の音楽を扱ううえで名人中の名人だった。

私は長いあいだ、バーンスタインがワルター・ベリー*とクリスタ・ルートヴィヒの二人と組んで演奏した、この歌曲集のレコードにも親しんできたが、「この曲で、たった一枚のレコードにしぼれば」といわれたら、やっぱりセル盤をとるべきだろうと考えるようになった。

＊一九六八年のライヴ録音、CDは［ソニー・クラシカル　SRCR九一二九〜三〇］。

同じ伝で、《大地の歌》のレコードを一枚にしぼれるだろうか？

この曲では、何といってもブルーノ・ヴァルターが入れた二枚——いちばん古い、つまり戦前のケルスティン・トルボルクとクルマンの盤＊と、それから戦後まもない時期のキャサリン・フェリアーとユリウス・パツァークの盤＊＊と——があり、どちらも私たち、この戦前戦後を生きた人間にとっては、もう、肉親のように切っても切れない縁で結ばれたレコードだといっても誇張ではない。しかし、それを無理して客観的にいえば、単に音の点で昔のはもう聴いていてつらくなるほど悪いというだけでなく、音楽的芸術的にも、戦後のものの方が進んでいるのは、厳然たる事実だろう。それに、ここでは何といっても、フェリアーの今日ではもう伝説的にさえなってしまった最高質のアルトが聴かれるのが強味である。私は、一昔前、このレコードを聴いて、「フェリアーのドイツ語がもう一つだ」などと書いたことがあるが、今度聴き直してみて、何たるバカなことを言ったものかと、少し恥ずかしくなった。なるほど彼女のドイツ語は、フィッシャー＝ディースカウのような高い純度に達していないのは事実だけれど、しかし、私たちが文句をいう筋合いのない高さがある。そのうえに、これだけの歌が聴かれる。この盤は、すでに、永遠の名盤のカテゴリーに入ってしまっているのだ。

＊一九三六年のライヴ録音、CDは［EMI　TOCE九〇九八］。
＊＊一九五二年の録音、CDは［デッカ　UCCL六〇一二］。オーケストラはいずれもヴィーン・フィル。

だが、《大地の歌》には、もう一つ、オットー・クレンペラー指揮フィルハーモニア盤がある［エンジェル　EAC八一〇一七］＊。歌っているのは、クリスタ・ルートヴィヒとフリッツ・ヴンダーリヒの二人。これまた、天下にかくれもない名声をほしいままにしてきた名盤である。すでにこの二人がマーラーの歌を入れたレコードで、これまで私たちの聴くことができた最高のクラスに属するだけでなく、ここでのクレンペラーには、ほとほと、頭の下がる思いがする。

＊一九六四、六六年の録音、この番号（LP）は廃盤、CDは［EMI　TOCE三〇六三］。

ヴァルターの情感のこまやかな、楽曲の隅々まで深い愛情と並々ならぬ尊敬の念でひたされた名演に対し、クレンペラーのは、より分析的でザッハリヒな扱いがみられるけれど、そういう基礎のうえに立ちながらも、そこから当然生まれてくる巨大な構造の明確さに劣らぬ音楽的感動の深さがあり、全体的なもののつかみ方における巨大な明晰さとでも呼びたいものがある。全然、べとつかないで、しかも、雄大、深刻、爽快、気品が兼ね備わっている。

クレンペラーには、ご承知のように数えきれないほどのレコードがあり、私が聴いただけでも、そのすべてが同じ完成度に達しているとはいえないと思うのだが、そのなかで最良のもの——たとえばフィルハーモニア管とやったベートーヴェンの交響曲全集などは、まさに高い音楽というよりも、精神の巨人と呼びたいような高さ——は高潔と荘重、雄渾と深刻、等々の記念碑的演奏の実例だった。この《大地の歌》も同様、この今世紀の指揮界の巨人の遺した最高のものに属する。

このクレンペラーの偉大さに加えて、二人の歌手が、一人ひとりで見事なうえに、二人の組み合わせという点で、ほとんど理想的なのである。声の張りの輝きの美しさと、抑えた発声での、聴く者の心に沁み通ってくるような滲透性のある迫力。

かりにもし、「誰かが《大地の歌》のレコードは、この一枚にとどめをさす」と言ったとしたら、私は抗弁の仕方を知らないだろう。せいぜい、「でも、ヴァルターとフェリアーの盤が……」と言ったあと、もそもそ、言うくらいが関の山かもしれない。

今度も、この原稿を書くために、聴き直していて、何度、そのまま、先を続けられなくて、中休みしたかしれない。たとえば、最初の大地の悩みを歌うヴンダーリヒのすばらしい声を聴いて一休み。第三曲の〈青春について〉の、ほかの人とまるで違う、ゆったりとくつろいだテンポの素敵なのに感心して一休み。第四曲〈美について〉の演奏ののびやかな歩みのなかから、おのずとにじみ出てくるような哀感に打たれて一休み、という具合。そのあと、思いきって終曲の〈告別〉に入ると、まず、その

"schwer"（重く）という作曲者のつけた発想記号にぴったりの出だしから、ひきつけられてしまう。そうして、終わりに次第に近くなるにつれ、"Du mein Freund, mir war auf dieser Welt das Glück nicht hold"（友よ、私は、この世間に生きて、ちっとも幸せになれなかった）のあたり、これまた作曲者のつけた、"Sehr weich und ausdrucksvoll"（きわめてやわらかく、しかも表現にみちて）、その少し先の"Ich wandle nach der Heimat, meiner Stätte!"（私は故郷、わが〔心の〕街をめざし、漂泊する）での、"sehr zart und leise"（きわめてやさしく、かつ低音で）といった作曲者の注文に完璧に応えているルートヴィヒの絶妙の歌いぶりに感じ入り——という具合に進んでいった揚句にきた、最終楽段（langsam）への移りゆきでの管弦楽の転換の凄さ。これを聴いている限り、「これはやっぱり、この曲に関しての最高のレコードだったのかもしれないな」という思いに抵抗するのは、私には、ひどくむずかしくなってしまう。

しかし、これほどのルートヴィヒやフェリアーの名演にもかかわらず、私は、ときに、この〈告別〉を男声で、バリトンで、聴きたくなるのである。それはまた、私には、どうしようもない要求なのだ。何も、この歌の別れは男でなければ歌えないと考えるのではない。しかも、フェリアーやルートヴィヒが、ヴァルター、クレンペラーという稀有の指揮者と出会い、音楽的芸術的に最高度の満足を与えてくれるにもかかわらず、なのである。

そういうとき、私はいままで、長いあいだ、バーンスタイン指揮ヴィーン・フィルハーモニーの盤[*]でフィッシャー＝ディースカウの歌うのを聴いてきた。しかし、今度、同じ歌手がクレッキ、フィルハーモニア管弦楽団と組んで歌っているレコードを、改めて、勉強してみて、もしかしたら、この方がよいのではないかという気がしてきたところである［セラフィム　EAC三〇〇五二］[**]。私なりの結論は、もう少しくり返し聴いてからのことにしたいと思うが、どうも、そういう気がするのである（ついでに書いておけば、この盤でのもう一人の歌手はマーレイ・ディッキーである）。

＊一九六六年の録音、CDは［デッカ　POCL六〇〇四］。テノールはジェイムズ・キング。

＊＊一九五九年の録音、この番号（LP）は廃盤。CDは［セラフィム　TOCE一一三二六］。

フィッシャー＝ディースカウが私にとって、男声最高のマーラー歌いであるということは前に書いた。彼の歌ったほかのレコード、たとえば《さすらう若人の歌》[*]（フルトヴェングラー指揮フィルハーモニア管弦楽団、［エンジェル　WF六〇〇三二］）。あるいはベーム指揮ベルリン・フィルと協演した《亡き子を偲ぶ歌》と《リュッケルト歌曲集》［グラモフォン　二〇MG〇四〇〇］[**]などは、私のこれまた多年の愛聴盤である。これらのレコードを作ったころのフィッシャー＝ディースカウは、本当に若かった。声のうえでは絶好調だったかもしれない。しかも、若いにもかかわらず、非常な芸術的知性にめぐまれた存在として、二十世紀を通じていってみても、あと何人と並ぶ人の出現は考えられないほどの歌手だった。

*一九五二年の録音、この番号（LP）は廃盤。CDは［エンジェル TOCE九四一〇］。

**一九六三年の録音、この番号（LP）は廃盤。CDは《リュッケルト》のみ［グラモフォン POCG九〇三六五］。

私は、彼は、いまでも非常に高く買っている。たとえ、声のうえで、年齢を感じさすようになったとしても。

その彼がバレンボイム（ピアノ）と組んで、三枚ものマーラーの歌曲集のレコード*を入れたと聞いて、私は、さっそく、その会社からカセットを作ってもらって、聴いてみた。《若いころの歌》(Lieder und Gesänge aus der Jungenzeit) の全一四曲、それから《子供の魔法の角笛》全一二曲、《リュッケルト歌曲集》全五曲、それに《さすらう若人の歌》全四曲が入っている［独ＥＭＩ 一六五〇三 四四六〜八］。*

*一九七八年の録音、この番号（LP）もCDも廃盤。

さすがに、すばらしい歌いぶりである。もちろん、声はもう一つ若かった方がいいかもしれない。しかし、彼の場合は、シュヴァルツコプフと違い、技巧的なところ、あるいはわざとらしい感じは少しもない。むしろ、彼一流の構成的造型力の冴えは、たっぷりした余裕さえ感じさせる堂々たる貫禄となって出てきている。それにバレンボイムのピアノ伴奏も出色の出来である。こみ入った声部を巧みに処理しながら、音色的にもできるだけのものをピアノからひき出してみせているのを聴くと、この人が、自分の前においているものが、ピアノ編曲版でなく、マーラーのスコアそのもので、そこから彼が自分で判断しながら、自分の版を作っているのが、わかるような気がする。

《亡き子》《リュッケルト》《さすらう若人》、これらの歌曲集では、もちろん、女声歌手のレコードでも、すぐれたものが少なくない。

特に《亡き子》ではキャサリン・フェリアーとヴァルター／ヴィーン・フィル［エンジェル　GR二一五八］[*]は、さきの《大地》と並んで、これまた不滅のレコードと呼んでいいだろう。だが、これはモノラルであるうえに、音の状態は理想的とはいえない。その点で、フェリアー／ヴァルター盤に肉薄する出来栄えをもったものに、ジャネット・ベイカー、バルビローリ／ハレ管弦楽団盤がある。これはかつては日本盤があったが、いまはないらしい。だが外国盤では買える［独EMI　C〇六三　〇〇三四七］[**]。おまけに外国盤には《リュッケルト歌曲集》の一つ、〈私はこの世から消え〉が入っている。ベイカーの輝かしい艶と深みのある声の好きな人——たとえば私——には、このレコードは、本当ならいつまでもカタログに残っていてほしい、いや、残っているべき名盤である。

＊一九四九年の録音、この番号（LP）は廃盤。CDは［EMI TOCE九四一〇］。
＊＊一九六七年の録音、この番号（LP）は廃盤。

《亡き子を偲ぶ歌》の終曲、あの烈しい慟哭の手にとるように伝わってくる歌のあと、次第に速度をゆるめながら、ニ短調からニ長調に変わり、レントの「子守唄のように」に入ってゆくところなど、私は、フェリアー、ヴァルター盤のあまり張り切らず、ごく自然に、ごく穏やかに移ってゆき、結ばれてゆく扱いも悪くないとは思うけれど、ベイカー、バルビローリ盤の、それとは逆の、苦しみの末、やっと到達した諦念のやさしい愛という趣に、いっそう惹かれるのである。

この二人に対し、例のクリスタ・ルートヴィヒの歌った《亡き子を偲ぶ歌》の本当にいい盤がないのは残念なことである。前にも、何かあったはずだと思うが、最近のではカラヤン、ベルリン・フィルと組んだもの（これはマーラーの《第五交響曲》とセットで入っている）があるだけである。ところが、これはカラヤンの陶酔的豪華な音色美偏重の犠牲になって——というと、少し言いすぎかもしれないが——、さきに挙げたクレンペラーやセルとは正反対に、あまりにも非構造的であり、細部のこまかな味わいが汲みとりにくい。これだけの名歌手だから、《亡き子》を歌ったら、さぞすばらしかろうに、その真価を十分に発揮する盤がないのは、惜しいことである。

カラヤンでは、《大地の歌》も、もちろん、ある。ルートヴィヒ、ルネ・コロが歌手として起用されている（「グラモフォン　MG八〇七二〜三」[*]。《リュッケルト歌曲集》からも入っている）。悪くない。しかし、さきにあげたクレンペラー盤、ヴァルター盤より、こちらをとる理由はあまりないのではないだろうか。それに歌手のルートヴィヒはすばらしいが、ルネ・コロは、なぜだか、歌いにくそうで、聴いていて楽しくない。

＊一九七三、七四年の録音、この番号（LP）は廃盤、CDは「グラモフォン　POCG六〇五一」。

これは、ショルティ指揮シカゴ交響楽団のレコード［ロンドン　L二五C三〇三〇］[*]のときも、そうだ。こちらは、コロの相手のアルトはイヴォンヌ・ミントンである。

＊一九七二年の録音、この番号（LP）は廃盤、CDは「デッカ　POCL四五七九」。

▼**後記**　書き上げて気がついた。このままだと、読者はネッカー川は小さい流れだと誤解されるかもしれない。そうではなく、ネッカーはライン同様、大きな川である。ただ、私の乗った汽車がシュヴァルツヴァルトを通るあたりではまだ、幅の狭い、水のきれいに澄んだ流れでしかなかったというわけである。

カンタータ《嘆きの歌》 リッカルド・シャイー指揮 ベルリン放送交響楽団
CD［デッカ POCL四四八一〜二］

マーラーの若いとき書いたカンタータ《嘆きの歌》のCDが出た。* リッカルド・シャイーの指揮、ベルリン放送交響楽団、同合唱団その他による演奏である。とてもおもしろかった。

＊一九八九年の録音、CDは［デッカ POCL四四八一〜二］。

この《嘆きの歌》は、マーラーばやりの今日でも、実演で聴く機会は交響曲やほかの歌曲とは比べものにならないくらい少ないうえに、CDも、かつてピエール・ブーレーズがロンドン交響楽団を指揮して入れたものが——私の知る限り——あるだけだった。そのブーレーズの盤も一九七〇年の録音だったのだから、二〇年以上前の話になる。

もっとも、これについては少し説明がいるのかもしれない。というのも、実はブーレーズは、その前にも一度この曲をレコードに入れていた。しかし、それはマーラーがもともと一八八〇年に作曲したときは三部からなるものだったのに、のち、一八八八年と一八九八年の二度にわたって手を入れた際、第一部をカットして二部にまとめた改訂版を作ったといういきさつがあるからである。そうして、この改訂版は一八九九年に出版されたのだった。こうして、この曲は一九〇一年ヴィーンで初演されて以来、しばらくはこの二部制で演奏されていたし、ブーレーズの最初のレコードも、この版によったものだった。

ところが、のち、削られた第一部を含む元の楽譜が出てきた。というより、この原譜はマーラーの友人で、マーラーの妹と結婚したヴィーンのヴァイオリニストだったアルノルト・ロゼーが所有していたのである。この楽譜はロゼーの死後は、その息子のアルフレート・ロゼーに譲られた。そうして、このアルフレートが、長い間、自分の手許に秘蔵していたために、《嘆きの歌》は二部からなるものとして演奏されていたわけである。

しかし、アルフレートは、一九三四年にチェコで第一部だけを、それから翌年一九三五年にはヴィーンで全三部の初演の指揮をしたのだった。その揚句、楽譜は結局公共のものになった。

こういったいきさつは、――私がいま略述しているのは、一九七〇年のブーレーズ盤についた海老沢敏氏のコメントをもとにしたものだが――演奏にあたって二部制でやるか、三部制でやるかの問題だけでなく、マーラーその人の性格とか制作の姿勢とかにわたって考えてゆくうえにも、いろいろと興味深い問題を含んでいるらしいのだが、そのくわしいことを追うのは私の小文の課題ではないので、このへんで切り上げることにしたい。あと、関心のある方にはドナルド・ミッチェル著『マーラー さすらう若者の時代』（喜多尾道冬訳及び一部改編、音楽之友社）をお読みになるよう、おすすめする。いまさらいうまでもないだろうが、ミッチェルの一連のマーラー研究は実に興味深いものだが、特にこの作曲家の若い日の作品についての考究は——音楽之友社のつけた帯の文句ではないが「推理小説を読むようなスリルと緊張に満ちている」。

と、まあ、こんなわけで、二〇年前のブーレーズの三部からなる《嘆きの歌》の録音は、この作品の初発の姿を記録したものとして、意義深いものだったし、演奏もそれなりにりっぱなものだった。

また、これを機会に、マーラー自身が楽譜を出版する前に削ってしまった第一部〈森のメルヒェン〉を復活さすことについても、考証的意味は別として、音楽的にみてどれだけの必要性があるかの問題も、当然、改めて論じられるきっかけにもなったのだった。

どうも少し気がひけるのだが、このへんで、私個人の考えをはさませていただくと、私としては、この曲は、マーラーの交響曲や歌曲に比べて、やっぱり若書きだという印象を与えられはするものの、《若い日の歌》として発表されている歌曲集の中の歌たちとの比較でいえば、ちっとも聴き劣りしないどころか、劇的舞台的迫力という点も加味すれば、はるかに重要な音楽になっていると思う。それに、ここにみられるオーケストレーションの腕前には、本当にびっくりするようなものが少なくない。月並みでない、独特な楽器の使い方がいろんなところにみられるのである。そうして、その中には、もちろん、後年の大交響楽作家になってからのマーラーの面影を先取りしているようなものも少なくなく、聴いていて、何か、なつかしいような気持に誘われる。それはふしまわしから楽段の構成法の点にまで及んでいて、こんなに早くから――初めて書いたのが、一八八〇年というのだから、彼はまだ二〇歳――すでに、あの天才的な独特の言いまわしを身につけだしていたのか？　という感慨をそそられずにいられなくなる。どういうわけか、そういう点は、ことに第一部に少なくない。音楽言語としては、それまでのドイツのロマン派の創造した音楽の世界から受けとったものは多い。ヴェーバーはもちろん、ヴァーグナーの影も否定できない。しかし、マーラー一流の語りと歌との一体感がかもし出す雰囲気には――もう、ヴァーグナーの大きな影から一歩踏み出して、まぎれもなく、マーラー一流の言葉づかいに基づく領域ができかかっているのを感じさせられる。

劇作品としての構成という点からみれば、たしかにある人々のいうように、第一部は、このあとに続く第二部、第三部での展開で十分にわかる話を、あらかじめ話してしまうという趣もあるので、なくてもいいかもしれない。いや、むしろ、第二部の〈吟遊詩人〉で始まり、彼が森に行ったら、突然、白骨をみつけ、それを使って笛をつくって吹いてみたら、一人の女性をめぐっての二人の兄弟の争い――というより、残忍な兄によるやさしい弟の殺害――の物語が奏で出される。こういう出だしの方が、この話をあらかじめ聴かせることを目的とする第一部を先立たせるのより、ずっと効果的だと思われる。

しかし、この物語の筋の全体は、簡潔そのもので、二人の男が一人の女を争い、一人が一人を殺し、女を手に入れたが、婚礼の式のその場に、殺された男の骨から作った笛をもった人物が現れ、笛を吹くと、この殺人が曝露され、すべては崩壊するという話。

これは、実にすばらしい構造である。そうして、マーラーが、このあと、交響曲を書いたとき、それにテクストをもつ歌の楽章を入れずにいられなかったこと。プログラムをつけてみたり、削ってみたりせずにいられなかったこと。そのさらにあとになって、《第五番》以後の交響曲では、「歌詞」はなくなり、純粋器楽の世界を展開するようになったとはいっても、どんな人だって、これらの曲を聴いて、たとえ「言葉」

にぴったり結びつけないにせよ、ある種の「想念の世界での劇的な発展、あるいは物語の推移」といったものを感知しないわけにいかないことを、――この《嘆きの歌》を聴きながら――思い起こさずにはいられない。マーラーという芸術家は、はじめから終わりまで、絵にかいたように鮮やかな一本道を歩んだのだったということを、こんなにはっきり先取りしている音楽もないものだ。

シャイーのこんどのCDは、ブーレーズのそれが、あくまでも楽譜の精緻で忠実な再現ということを目標にしたもので叙述的な客観性を手放すまいとしていたのに比べると、少しばかりより主観的な傾向に近い、いや、より熱情的なものだといった方がいいのかもしれない。このCDについたシャイー自身の言葉を参照すると、彼はマーラーの解釈（演奏）では、第一にかつて助手をつとめていたクラウディオ・アッバードのゆき方を尊重していること。それともう一つは、バルビローリのマーラーを評価していること、この二つに言及しているのが、私にはとても大切と思われた。バルビローリのマーラーは、このごろのマーラー解釈の一般的特徴に比べれば、ずっとロマンティックなものだった。私は、かつて彼がベルリン・フィルを振ったマーラーの《第九》のCDから与えられた感動を生々しく思い出す。それに《第五》のCD。あれはフィルハーモニアだったかニュー・フィルハーモニアだったか、とにかくロンドンのオーケストラとやったものだったと思うが、細部はともかく、全体として、すご

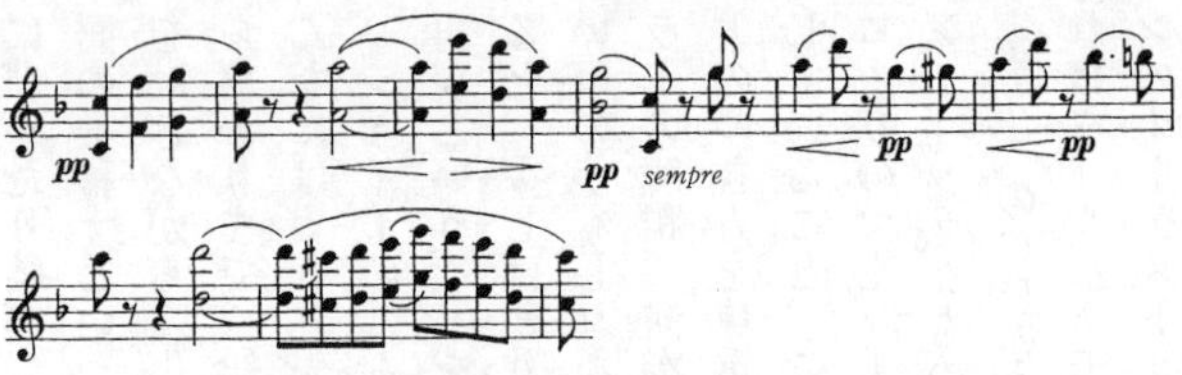

い熱演であり名演であった。シャイーが、ちょっとみたばかりのところでは、さして激情的とも思えないのに、時々熱っぽい表情をみせるのは、どうしてかと思っていたが、ここにその根源の一つがあったのか、と教えられた。

もう一つは、アッバードと共通し、かつ、アッバードのマーラーより一歩踏みこんでいると思われるのは、シャイーだとマーラーのもっている「演劇的」な面がより強く出ている点である。それを「芝居っ気」あるいは「芝居がかったもの」と見せないで、自分の天分に忠実であることが音楽の演劇的な性格の強調に結びつくというようにもってゆくこと。これがシャイーのマーラーの一つの重要な性格のように、私には聴こえるのである。もちろん《嘆きの歌》は劇的なカンタータであるから、この面は、ほかの交響曲よりも直接出てきても少しもおかしくない。だが、その点でこの演奏はすばらしい。ゆきすぎないで、しかしたっぷりと演劇的なものにしているのだから。私は一例だけ上げておくが、これは第二部の、いってみれば第二主題のようなものにあたる旋律だ（スコアの6。ハ短調からヘ長調に転じて）。［譜例］

これは、ほんの一例だが、この旋律の歌わせ方を聴けば、いかにシャイーがこの作品を一つの「劇」としてとらえているかが、よくわかるはずである。

マーラーの音楽——それは実に主観的な芸術であり、作曲者は作品の中に自分の全身全霊をぶちこんでいる。だが、それと同時に、彼はまた、そこで「劇」を作り出し、これを音楽に「演じさせて」いるのである。その限りでは、マーラー自身は「劇中の人物」ではないのである。劇を成り立たせるために、その外側にいて、音楽を見守り、見張っているのである。

シャイーの指揮では、その性格がよく出てきている。この人はさぞオペラもおもしろいだろうな、と思わせる。

もうあんまり書く余地はなくなったが、演奏はとてもいい。ベルリン放響もすぐれたオーケストラだし、独唱者たちの顔ぶれもよく揃っている（ホルヴェーク、特にバリトンのアンドレアス・シュミットなど）。また、技術陣に音のとり方の練達の士をそろえているのか、幾つもの声部のはっきりした分離に成功している。

マーラーの流行をめぐって

暮れから正月にかけて、新聞のラジオやテレビ番組のページをみていると、マーラーの交響曲が何回も出てくるのが目立つ。もっともこの数年、放送に限らず、演奏会にもレコードにも、マーラーがしきりに顔を出すようになったのは事実で、要するにこれは日本にもこの音楽の愛好者が大いに増えたしるしなのだ。

かつてはもちろん、こうではなかった。去年の終わり、クラウス・プリングスハイムが九十何歳かで亡くなったが、この滞日何十年かのドイツ人は高齢にもかかわらず、死ぬ直前まで演奏会にもせっせと姿をみせる元気ぶりだった。近年の彼は武蔵野音楽大学の教授のかたわら東京の英字新聞の音楽批評をしていたけれども、日本に来たそもそもは上野の芸術大学の教師としてであり、彼の業績としては、作曲を教えたほかに、学生の管弦楽団を指揮してマーラーの交響曲を次々演奏したことがあげられる。これは、学生の管弦楽団を別としても、当時の日本音楽界の情勢からみて破天荒の飛躍ぶりといわなければならない。そこには、おそらくヨーロッパから日本に赴任そうそうの壮年音楽家としての彼の、新しい音楽の本流をこの東洋の国に伝えようという使命感、熾烈な布教的意識が、日本の状態を冷静に認識する心の余裕を飛びこして働いていたのであろう。

このあと、今日のN響、当時の新響の指揮者に就任したローゼンストックもマーラーをいくつかとりあげていた。こうして今世紀の二〇年代から三〇年代にかけては、この二人がマーラーを日本に伝える中心人物だった。

日本の音楽会がそれにどう応じたか。私は正確には知らないのだが、聴衆の中の少数の感激を別とすれば、たいした影響を残さず終わってしまったのではなかろうか。私などずっと後輩だが、わからないその他大勢の組で、戦後早いころ、N響でマーラーを聴いたときも、感傷的で甘ったるい音楽として閉口した覚えがある。

それが今では大変な変わり方である。またこれは日本に限らない。世界の大勢も五〇年代の終わりから変わりはじめ、今では面目一新といっても過言でなく、冷たくて非芸術的だといわれるヨーロッパの若い世代までが、選りに選ってマーラーには大きな興味を示しているのである。欧米で、彼の交響曲が、まるでベートーヴェンなみに、当代の人気指揮者たちによる幾通りもの全曲レコードとなってどしどし発売されているのも、その証拠の一つである。

芸術における公衆の趣味・嗜好というものは実によく変わるものだ。どうして、こんなに変わるのだろう？

ひと昔前なら、私はこのマーラーの流行を説明しようと躍起となって努力したろう。そうしてたぶん、マーラーの音楽は十九世紀ロマン主義の最後の火花であり、世紀末の頽廃と爛熟の芸術だというのでなく、むしろ資本主義末期の高度に工業化された社会における人間疎外の苦悩を内容とするもので、あすこにみられる甘ずっぱくて耽溺的な民謡的な要素とかロマンティックな自己顕示の姿勢とかは、実は自己のアイデンティティを探しあぐむものの擬態であり、パロディである場合が圧倒的に多い。同じ問題が私たちにとっても存在し、近い将来も解消する予想のたたない限り、この音楽は当然過去のものであるよりは、現在と将来の音楽なのだ云々といった考えに到達したただろう。

しかし今は、この考えを否定しないまでも、そうはいっても、流行というものはとても私の手におえるほど簡単なものではないのだから、これでマーラーの流行が説明はできまいという思いが先に立ってしまうのである。

というのも、戦後音楽界でのブームといえば、周知のように、バロック音楽の驚くべき復活、再登場を度外視できないわけで、これはほぼ五〇年代の初め世界的流行になりだし、日本にもいち早く伝わってきた。その当時、私たちは、バロック音楽こそロマン主義の重苦しい情緒優先、その悲愴趣味、音楽以外のプログラムの音楽への侵入といったものから、私たちを解放して、生き生きとした生命感の躍動とか爽快なダイナミズムの流れとかでもう一度感覚を洗い直す機会を、公衆に与えるものだ、いわば音楽をもう一度音楽にとりもどす、この機会が公衆に歓迎されないはずはないといったふうのことで、このブームを説明し、満足していたのである。

このバロック音楽のブームは、いまだに衰えを知らぬ勢いで続いている。そうなると、これはマーラーの大流行とは、どういう関係になるのか？　同じ公衆が、極端に違う二つの音楽に同時に熱狂的な好みを示すということになるが、これをどう説明するのか？　流行とは何か？

その説明は私の手におえない。と、白旗をかかげたうえで、私が注目するのは、マーラーといい、バロック音楽といい、この戦後の復活、再評価、カムバックの芸術が、いずれも日本人の手で掘りだされたわけでない点である。「それは、どちらも西洋音楽なのだから当然だ」といわれるかもしれない。しかし同じバロックといっても、たとえば、この国ではご存じヴィヴァルディの《四季》がむやみやたらと好まれていて、バロック・ブームの実質の少なからぬ部分を、この曲が一手にひきうけている観のあるのはここでいうまでもなかろう。その一方で、このことは日本人自身にとって気になって仕方がないのであって、「《四季》がこんなに好かれ、こればかり聴かれるのは日本の特殊な現象で、西洋ではそうではない」といって自分を批判し、恥ずかしがるものが、私たちの中から出てくる。これが日本人なのである。

私としては、なぜ《四季》が日本人の気に入るのかという具合に、またしても解釈遊びの環にまきこまれるよりも、芸術の趣味や愛好における流行の変遷に目をみはるところでとまっていたくなるゆえんも、ここから出てくる。

私たちは、外国でも同じ流行がみられるとなれば安心する半面、自分で流行の種を発見するのは臆病であり、日本だけの流行に従っていると世界から孤立するのではないかという恐れにつきまとわれる。日本だけの流行とは信用できないものの異名だといってもいいだろう。誇りどころか悪口であり、まして客観的指摘では絶対ない。

そういう私たちが、いったん受けいれた流行を愛するとなると、すぐれた素質を発揮し、その点では独創や発見をするのに少しも遠慮しない。つまり私たちは愛の対象よりも、愛し方の方を重視する人間なのだ。日本の子供たちの折り紙遊びのすばらしさは多くの外国人の指摘するところだが、これなど実に象徴的なもので、折り紙では、それ自体一切れの紙でしかないものから無限の空想を伴う姿や形がつくりだされる、それも手指を使うだけの簡単極まる手段で。

趣味の変遷、流行はこれに似ている。流行は人の心のいたずらなうつろいやすさの表れでもあろうが、同時にまた愛するという人間の基本的な営みの深さの表現でもある。外部からは「あんなものを愛して」と批評できても、愛するとは実はそこに自分の心のあり方を投射する以外の何ものでもないのではないか。

「だからして」、またプルーストを引用してよければ、「重要なのは対象の価値如何ではなくて、愛における心の状態（エタ・ダーム）の深さだ。ごく普通の娘でも、すぐれた人物の対話や著作以上に、私たちの意識のより内密で、個人的で、深くて、本質的な部分にまでさかのぼる能力をもった感動を与える機縁になるのである」。

マーラー、ブルックナー

去年（一九七九年）の暮（？）西ドイツのデュッセルドルフで、グスタフ・マーラー・シンポジウムが開催された。会議は〝マーラー〟という現象をめぐって、五つの視点から考察するように構成されていたらしいが、その一つに「演奏家としてのマーラー（Mahler als Interpret）」というものがあり、その中で、アルノ・フォルヒェルト（Arno Forchert）が、おもしろい発表をしたらしい。シューマンの《第三交響曲「ライン」》の演奏に当たって、マーラーが手を入れていたスコアが残っていることは、それを使って演奏したジュリーニのレコードが出ているくらいだからたいして、珍しくないが、フォルヒェルトは、そのマーラーの改訂したスコアとシューマンの原作のスコアとを詳しく比較研究することを通じて、再現芸術家としてマーラーが、どんな点を重視し、どんな「音響」を理想として胸に描いていたかを探るという仕事をした。その彼の報告によると、「マーラーが演奏家として理想に描いていたものは、作曲家としての目標と同じく、諸声部の流れの明瞭さ、鮮明度にあり、その点で、彼はすでにシェーンベルクの先駆者といっても過言ではなかった。マーラーは、決して『情緒』に追随しなかった。彼が追及したのは形であり、旋律やアーティキュレーションを明確に示すことであって、これはシューマンのそれとは遠くはなれたもの、ロマン派の薄明、明暗とはまるで違ったものだった」ということになるらしい（*Österreichische Musik Zeitschrift* 1/1980, 4頁）。

私には、これはとてもおもしろかった。というのも、去年の春だったか、ジェームス・レヴァインというアメリカの指揮者のマーラーのレコードを初めて聴いた私は、それがこれまで聴きなれていたマーラーと違い、非常に新鮮で、しかも迫力のある演奏になっているのに強い感銘をうけた。私が耳にしたのは、マーラーの《第一》、《第三》、《第四》、《第五》、《第六》の交響曲といったものだったが、その後《第九》も出たし、私はますます彼のマーラーを好んで聴くようになっている。彼のマーラーは一口にいって、極めてポリフォニックなものだ。これで聴くとマーラーの音楽が何重もの旋律、ないしはいくつかの違った「音楽の層」の同時的な展開として作られていることが、よくわかる。もちろん、マーラーの音楽は十九世紀ロマン主義の系譜につながるもので、根本的にホモフォニックなスタイルのものではあるけれども、その限りにおいて、高度に各声部の自律的な流れを生命としている。だから演奏における各声部の鮮明さは、目標ではないにしても、少なくとも、最小限度の要件となる。レヴァインではその点がよくできているので、音楽が決して単なるダイナミックな起伏と和声的明暗の陰に隠れたり、あるいはオーケストラの全体が、ギターのような旋律と和声を鳴らす巨大な音響体になるということがない。いくつもの声部が同時に聴こえてくること、そして、それらの声部のもつ意味がよくわかること、これがレヴァインのマーラーの特徴であり、それがマーラーの交響曲を膨大な甘酸っぱい音の魂に陥らせないことになる。

こう考えている私は、つい先日テンシュテットのマーラーを聴いて、もう一度驚いた。

テンシュテットという指揮者も、レヴァイン同様、私はまだ一度も実演を聴いたことがない。それに、この人は何年か前に東ドイツを抜け出し、西側の世界に来た人で、大変すぐれた指揮者であるという評判は聞いていたが、それだけでは何もわからない。そのうち、ベルリン・フィルハーモニーの演奏で、シューマンの《第三交響曲「ライン」》のレコードが出た〔エンジェル　EAC八〇五五二*〕。去年の何月だったか、それを聴いたが私には、よくわからなかった。ただフィナーレの一つ前、第四楽章のアダージョ。あの荘厳、荘重な足どりの音楽であるべきはずのものが、近ごろ聴いたどの演奏でよりも、陰鬱というか、暗い大きな影に包まれているのが印象に残った。これが、普通どこの解説にも書いてあるような、ケルンの大伽藍での枢機卿の昇任の儀典に啓示された音楽だというのは、信じがたいほどの暗さだった。シューマンは、カトリックの秘儀の雰囲気をそこに感じたのかもしれないが、何という暗さ、何という遅さだろうと私は思った。変ホ短調、華麗さの陰画！　あとの楽章は、ていねいな仕事になってはいたが、全体として厚ぼったく、もっさりとした感じはぬぐえない。とはいえ、作品自体が地味なものだし、初めて聴く指揮者について、はっきりしたイメージをつくるには、少なくとも私には、不向きだった。ただ、これが基本的には前に書いたマーラーをめぐるシンポジウムの中でのシューマンの《第三交響曲》の例でいえば、明暗、ロマン派の薄明の表現を土台にしたものにぴったりのゆき方であることはわかった。

＊一九七八年の録音。この番号（LP）は廃盤、CDは［EMI　TOCE九六八二］。

そのあと同じテンシュテットの指揮、ロンドン・フィルハーモニーの演奏で、マーラーの《第一》[*]続いて《第五番》[**]とそれに組み合わせられた《第一〇番》のアダージョ[***]のレコードがとどいた［エンジェルEAC八〇五七二〜三］[****]。

＊一九七七年の録音、CDは［EMI　TOCE九六五六］。

＊＊一九七八年の録音、CDは［EMI　TOCE九六六二］。

＊＊＊一九七八年の録音、ＣＤは［ＥＭＩ　ＴＯＣＥ九六六九〜七〇］。
＊＊＊＊この番号はＬＰで現在廃盤。

つい数日前のことで、私はまだ全部をゆっくり聴いたわけではない。しかし、その中の《第一〇交響曲》はすぐピンときた。私もこれまで何人かの指揮者で聴いてきたが、こんな《一〇番》は聴いた覚えがない。これを聴いて、初めてこのアダージョを「生きた」音楽として聴いた思いがした。それまでは、聴くたびにこれが明らかに一人の芸術家の「最晩年の作風」を示す曲だとは感じてきた。ここには——マーラーの《第九》の第一楽章にその兆しが現れたといえるだろうが——高山のような希薄な大気の気配、奇妙な透明さと無力感がある。それは弦楽合奏を主体とし、あとはところどころに管をまじえただけのオーケストレーションで書かれているためもあるのだろうが、ほかにも当時の音楽としては珍しい大きな音程の飛躍を伴った主題的楽想の活躍とか、その主題の逆行の頻出とか、その他の原因が加わって、この曲をいつもよりまた一段とポリフォニックな味わいが濃いものにしている。いってみれば、ここには音響の肉体性より精神性、観念性の勝った音楽、血の気の少ない、肉の薄い音楽とでもいった趣がある。こういうことから、今日私たちの知っているこのスコアは、単に全曲が未完成という以上、第一楽章でさえ、最終的な仕上げからはるかに遠い状態のまま遺されたものだという考えをとる人があるのも一理あることになる。

その点はテンシュテットで聴いても、消えたわけではない。しかし、前述のようにどちらかというと、もっさりと重い感じの彼の音楽のもってゆき方のせいもあって、たとえ幻の音楽の面影は残ってはいても、彼の演奏だとそこにある生命の息吹の通っているのが、かなりはっきりと伝わってくるのである。そうして、もしこの曲が完成されていたら、これは極めて重要な精神的内容をもった音楽になったに違いないという手ごたえを十分に覚えさすのである。

テンシュテットで聴くマーラーは、レヴァインのそれとは逆に、骨太な響きがする。この人のは根本的にホモフォーンの響きを土台とした濃と淡、強と弱、明と暗の対照でつくられた音楽を脱しない。かつてのワルターたちのあのロマンティックなマーラーに逆戻りしたといったら言いすぎだが、レヴァインのマーラーが現代に向かって開かれ、シェーンベルクやベルクにつながってゆくマーーラーだとすれば、テンシュテットのそれはシューベルトとのつながりの強いマーラーである。テンポの伸び縮みもかなり自由である。それにもかかわらず、これはちっとも古く聴こえない。《第一〇交響曲》のスコアでいえば、終わりに近く、第二五六小節以後の第一ヴァイオリンが *pp* のエスプレッシヴォでこの上なく澄みきった旋律を聴かせる一方、36から管と、第二ヴァイオリン、ヴィオラが *f* で入ってくる箇所、そうして、ひきつづき第一ヴァイオリンはますます高音の空を漂いながら *ppp* までいくのに、ほかの楽器は依然 *f* を鳴らし、その上ホルンまで入ってきて*sfp*を吹き鳴らすあたり、この*pp*ないし*ppp*と*f*との対立をどちらも抑えないでしかも鮮明に聴かせる上で、この指揮者は際立ってすぐれた手腕を発揮する。この演奏を聴いていると、もしかしてフルトヴェングラーが振ったら、こうなったかもしれないと想像さすところがある。同じではないのだが、それくらいここには全身的な陶酔の深さとものすごい迫力をもった、ダイナミックさがある。私はこのテンシュテットの指揮で《第一》、《第五》をもっとよく聴いてみる必要がある。それは、はじめにみたマーラーのシェーンベルクを予感さす作風という考え方と、彼のゆき方との関係をもう一度はっきりさせなければならないからである。しかし、それは今はやれない。

一人の芸術家の足どりを確かめ、彼のその時々の姿のもつ意味をふり返ってみるのは、何のかの言ってみても、やはりレコードの与える大きな恩恵の一つではないだろうか。

そのレコードが許す振り返りということでは、私は去年の暮れ以来、フルトヴェングラーのレコードを改めて聴きかえすことによって、いやというほど経験した。ベートーヴェンはいうまでもなく、ブラームス、シューベルト、シューマン、そうしてブルックナーの交響曲を、何度私は聴き直したことだろう。そこへもってきて、もう一度フルトヴェングラーの指揮によるブルックナーの交響曲がまとめて出た。それもすでに知っている《第七》、《第八》、《第九》だけでなく、《第四》が新しく加わっているアルバム*である。

一九五一年一〇月シュトゥットガルトの南ドイツ放送局におけるヴィーン・フィルハーモニーを使っての実演の録音だそうであるが、これは大変な御馳走だった。フルトヴェングラーで私たちのよく注意して聴くべき最大のものは、もしかしたらテンポの動かし方ではないかと思うが、この点で彼は二十世紀における最大の演奏家だったといってもいいのではないか。テンポの緩急、つまりアゴーギクに随伴するクレッシエンドやディミヌエンド、その他の微妙を秘めたダイナミックな変化は、その絶妙の移り変わりの中に宝石のように貴重な音楽の輝きを表出し得ていた。よく注意して聴いてみると、彼はいつも楽譜に書いてあるところより早めにテンポをゆるめたり、いそがせたりしはじめ、作曲家が構成する——その時その時の——クライマックスのきたときは、すでに十分に用意された高まりがそこに生まれるように計っている。

彼のブルックナーでも、私たちはそれを満喫し得るのは、いうまでもない。私たちはこれまで日本コロムビア盤で、彼がヴィーン・フィルとやった《第八交響曲》のレコード*という、希代の名演を知っていたが、今度のアルバムに入っているのは、どうやらそれと同じソースによるものらしい。

＊LP［コロムビア　DXM一一〇〜一一二］で現在廃盤。

《第四番「ロマンティック」》も、それに劣らぬ名演である。聴く前は、《第四番》は少し聴き飽きたという感じをもちながら針をおろしたのだが、出てきたものは、聴き飽きたどころか、初めて聴く迫力と、そうして夢のような縹渺《ひょうびょう》たる味わいを兼ねそなえた新鮮さだった。スケルツォ一つとってみても、大変な名演である。スケルツォの主要部と、思いきってゆるやかでひなびた味わいのトリオの対比は、かつて誰の演奏にもみられなかったものだ。まだ第二楽章のハ短調の主題が復帰するまで、スコアのFからGに至る間のヴァイオリンがスピカートを連続する間に、管と弦の低音に生起するもの。それが次第に消えていって、Gでチェロで主題が改めてもどってきて以後も、私のいうテンポの微妙な移動のさせ方の天才としてのすばらしさの例である。あるいはまた、第一楽章や終楽章でのちょっとした副次的な楽想の歌わせ方の、まったく独特な味わい。無愛想というか、まるで何かの品物をそっけなく放り出すような出だしでありながら、何ともいえぬリズムのよさなのである。終楽章でいえば、第二主題がハ短調で（これは第二楽章の葬送行進曲の回想のようなものだ）出たあと、その後楽章がCから始まるのだが、第一〇五小節の *etc.* の歌わせ方が、その典型的なものである。鼻歌か何か歌うようでいて、微妙を極めた表現がそのうちにくみとれる。

ほかに《第七》、《第九》を収めたこのアルバムは私の知る最高のレコードに属する。ただ、私のは外国盤だが、それについた解説に、《第四》はロベルト・ハース校訂の原典版による演奏とあるが、むしろ一八八九年版によったものではあるまいか。小さな異同は別としても、フィナーレでスコアの[P]から[Q]にかけて（小節でいうと三八三から四一六小節まで）の間がこのレコードでは消えている［グラモフォン　ＭＧ八八六八～七二］*。

＊ＬＰで現在廃盤。《第四番》は一九五一年一〇月二二日シュトゥットガルトでの録音でＣＤは［グラモフォン　ＰＯＣＧ三七九五］、《第七番》は一九五一年四月二三日カイロでの録音でＣＤは［同　ＰＯＣＧ三七九六］、《第八番》は一九四四年一〇月一七日ウィーンでの録音でＣＤは［同　ＰＯＣＧ三〇〇七八］、《第九番》は一九四四年一〇月七日ベルリンでの録音でＣＤは［同　ＰＯＣＧ三〇〇七三］。オーケストラは《第四番》と《第八番》がウィーン・フィル、《第七番》と《第九番》がベルリン・フィルでいずれもライヴ録音。

フルトヴェングラーのブルックナーのレコードでは、あと《第五》をウィーン・フィルとやったものを、ロココ盤*で聴いた。これもおもしろかった。また何年か前からバレンボイムがシカゴ交響楽団と組んで、ぽつぽつ入れているシリーズの一つとして、《第四》、《第九》、《第六》に次いで、《第五》**が出た。フルトヴェングラーと違うが、これもよかった。特にあの長大な終楽章はかなり力演であった。いつも、どちらかというとあまりゴツゴツした演奏をやらないバレンボイムが、力の限り、精一杯の熱演をみせる。しかもフーガにしろ何にしろ音楽的論理の実にはっきりたどることができるような明確さ、それから局部局部の声部の明晰さにおいて、欠点がない。見事な出来である。

＊一九五一年八月一九日のライヴ録音で、ＬＰ［ロココ　ＯＣ七一三七～八］廃盤。

＊＊一九七七年の録音、ブルックナー交響曲全集。ＣＤ［グラモフォン　ＰＯＣＧ三〇一六～二五］廃盤。

カラヤンのマーラー

カラヤンのマーラーの交響曲シリーズは——レコードでは——たしか《第五交響曲》から始められたのではないかと思うが、あのレコードはマーラーの交響曲演奏の歴史に新しい一頁を開くものだというふれこみもあり、私は久しぶりに期待し、緊張して聴いたので、初めて聴いたときのことは、今でもよく覚えている［グラモフォンＭＧ八〇五八〜九］*。確かに、何箇所もきれいなところがあり、溜息が出るくらい、きれいなのだけれど、全部を一気に聴くのはむずかしかった。そういう点は、それから何度か聴いた今も、残っている。

＊一九七三年の録音。この番号（ＬＰ）は廃盤。ＣＤは［グラモフォン　ＰＯＣＧ三五二〇］。

まず、第一楽章のあの葬送行進曲では、そういう「葬送」といった感じは、あまりしつこくなく、さらりとしたゆき方であり、第二楽章も、確かにうまいのだけれど、そう特性的とも思われなかった。しかし、第三楽章に入ると、音楽はただ音楽という

第3楽章　431小節

譜例1

だけでなく、一つの生きものとしての呼吸を始めるのがわかる。たとえば、スコアのBの6以後、小節でいえば第二七〇小節以下「幾分、おだやかにEtwas ruhiger」変ロ長調になって、それまでの二長調の荒々しくたけだけしい音楽から変わるところ、あるいは（同じ楽章の）四二九小節へ短調になって「a Tempo molto moderato」でのところなど、まるで徐々に落ち着きをとりもどし、生きかえってくるような気配を感じさすあたりは、絶妙の極みといっても過言ではない［譜例1］。

もちろん、ベルリン・フィルもうまい。まさに人間と馬とが一体となった、見事な疾駆ぶりである。

こういうすばらしい出来のあとにくる、第四楽章の例のアダージェットが、全体として、雰囲気の音楽であり、構造的なものより、その瞬間瞬間の音にひきずられ、その上、どちらかというと、情念をいっぱい盛り込んで絶叫型になっているのは、どうもよくわからない。初めて聴いたとき、これがカラヤンかしら？　と訝る気持が強かったことは、未だに忘れられない。

だが、おもしろいことに、このつぎのロンド＝フィナーレの楽章が、また、実に良いのである。この難曲を全体として何の破綻もなく処理しているだけでも、やっぱり、高い力量の持主でなければやれないことと感心するのだが、それだけでなく、見事なフーガが聴かれる。それも単に、各声部の扱いがきれいにできている上に、何ともいえぬ純音楽的爽快さがあるのである。たとえば、28ト長調の*pp*以下の箇所など、胸のすくような腕の冴えが聴かれる。そうしてこの妙技はこのあとも、一貫して持続され、最後のコーダまで、まるでベートーヴェンの《第五交響曲》の終わりみたいな、盛り上がりにつぐ盛り上がりの連続である。これほどのクライマックスは、たとえばあの馬力では誰にも負けないショルティでさえ、とても、つくれなかったものである。

　カラヤンのマーラーのレコードでは、なお《第四》〔グラモフォン　MG一一二二〕*、《第六》〔同　MG八三三一〜二〕*交響曲があり、《第九》も先ごろ出たし、ほかに《大地の歌》〔同　MG八〇七二〜三〕*や《亡き子を偲ぶ歌》〔同　MG八〇五八〜九〕*、《リュッケルト歌曲集》〔同　MG八〇七二〜三〕*などもある。そのうち《大地の歌》は、クリスタ・ルートヴィヒとルネ・コロの二人を独唱者にもっている。だが、私としては、ルートヴィヒの《大地の歌》ならば、彼女がクレンペラーの指揮で入れた盤を選ぶ。それにあの時のテナーはヴンダーリヒだったが、これまた、《大地》にはルネ・コロよりこの二人は理想的組み合わせといってもよかったくらいずっと好ましいテナーだった。コロはなぜか、こういう歌のときは、堅くて、無理をしているように、聴こえる。

＊これらの番号（LP）はすべて廃盤。CD番号は以下のとおり。《第四》（一九七九年録音）は［グラモフォン　POCG六〇五〇］、《第六》（一九七五年録音）は［同　POCG三八一七〜八］、《大地の歌》（一九七三年録音）は［同　POCG六〇五一］、《亡き子を偲ぶ歌》一九七四年録音／ルートヴィヒ）と《リュッケルト歌曲集》（一九七四年録音／ルートヴィヒ）は［同　POCG三八一七〜八］。

しかし、クレンペラー盤とカラヤン盤の違いは、こういった歌手の問題だけでなく、指揮者としても、クレンペラーの方が——少なくとも、この《大地》に関する限り——ずっと良かった。あれはいつもの、ともすると長ったらしくなりがちの彼とは見違えるような、分析的で、精密で、しかも「心のこもった」痛切さを兼ね備えた名演だった。それに対し、カラヤンのは、全体として高い水準のものであるには違いないが、曲の構造を伝える点では、クレンペラーに及ばない。ここでも、さっき《第五》の第四楽章でみたように、とかく関心が瞬間瞬間の美しさの追求に傾きすぎて、全体の形がよく見えてこないのである。そうして、そのために、聴いていると、頭も尻尾もない、のっぺら棒の音の塊を見せられたような気がしてくる。

こういうことは、これまでのところ、いちばん新しいマーラーの《第九交響曲》についても、大体、あてはまる［グラモフォン　52MG〇一〇八〜九］＊。

＊一九七九、八〇年の録音。この番号（ＬＰ）は廃盤。ＣＤは［グラモフォン　ＰＯＣＧ三九〇四～五］。

ただし、この曲では、細部の美しさという点では、思わず息を呑むような、異常なものの域に達したところがあるのも事実である。

もちろん、曲も曲で、《第五》に比べて《第九》、特にその第一楽章は、マーラーの手になる最高の数頁なのだから。

たとえば、第一四〇小節以下のスコア（音楽之友社）の二一頁から二二頁にかけて、変ロ長調から主調の二長調に転調してから、しばらくして主題が戻ってくるまでの間など、その典型的なものだろう。誰の指揮で聴いても、ハープの「Sempre marcato」にのりながら、はじめ、「ためらいながら、しかし、だんだんはじめのテンポに移ってゆくNoch etwas zögernd, allmählich übergehen zu Tempo I」あたり、全楽章を通じての聴かせどころの一つになるのは当然だけれど、カラヤンも、彼の才能と経験の限りをつくす。

もう二〇小節以上前からバス・オスティナート（持続低音）の役を受けもたせられ、ここの経過を準備し、支えてきたハープの音にのって、ホルンが主題を「やさしく歌うように、しかしはっきり耳に立つように Zart gesungen, aber sehr hervortretend」奏し、そこに第一ヴァイオリンが「*pp*で、しかし強く思いをこめて歌うように*pp*, aber sehr innig gesungen」対位線をのせてくる［譜例２］。

譜例２

このハープが実によく効いているし、ホルンのやさしい歌も、ヴァイオリンの囁きも、心の底まで染みとおってくる。暑さにあえぐ夏の日ざかりに清冽な水を口に含んだみたいに、口から咽喉、そうして腹の底まで染みとおってくる。それが、やがてまた変ロ長調に戻り、次第に力を増していって「憤怒をもって mit Wut」のアレグロ・リゾルートとなって爆発するまでの盛り上げ方は、「生きている音楽」というほかないようなすばらしさだ。純粋に音楽として聴いても、二十世紀の代表的指揮者たるに恥じない出来栄えである。

同じように、この楽章の、無限に苦悩に裏付けられた憧れを抱きながら、白雪の彼方、遠くはるかに消えてゆくような思いに満たされたコーダも、すばらしい出来である。

しかし、そのコーダに入る前（音楽之友社スコアの五六頁、第三七六小節）、「突然、著しく遅く、そうして小さく Plötzlich bedeutend langsamer und leise」と指示されて、オーボエ、フルート、ピッコロ、それからハープたちが、競い合い、何重にもなりながらカデンツァのような走句を吹くところは、あまりにも控え目で、完全に音が鳴りきっていない憾みが残る。どうしてだろう？　ここも、全曲を通じての最大の聴きどころの一つだろうに。近年のカラヤンは、実演でその指揮ぶりを見ていても楽員の自発性に委ねて、あまり細かい指示をするのを控えているのかと思われるような場合を、時々目にするけれど、ここも、その一つだろうか。そうして、任せられた結果、さしも名人揃いのベルリン・フィルのメンバーであっても、互いに譲りあい、手綱をきつくしめすぎてしまったのだろうか。

以下の三つの楽章は、第一楽章に比し、作品としても、別にどうということもないし、演奏も普通である。終楽章に、のどもはりさけんばかりの絶叫型の箇所が出てきて、あくまで聴く者の涙——いや、もっと烈しいもの、慟哭というべきか——を誘わずにおかないといった意気込みが感じられるのは、《第五交響曲》の例のアダージェットの場合と共通する。

これも演奏だけでなく、作曲そのものの性質とも連関があるのだから、それを無視して、演奏だけの次元で言ってしまうのは危険だけれども、これを聴いていて、かつてカラヤンは、こういうゆき方は嫌いではなかったかしらと、考えたことは書いておこう。たしかにマーラーには、こういうセンチメンタルな感情の手放しの表出をいとわない傾向があった。しかし、たとえそうだとしても、さっきふれた第一楽章の主題の再現や、コーダ、あるいは《大地の歌》の最後を飾る〈告別〉の歌など、一音符といえど異常に強い情感の裏付けのないものはないにもかかわらず、センチメンタルには聴こえないのは、なぜか。

もっとも、正直いって私は、この《第九》の終楽章を、いつも、こう思って聴くわけではない。実演で、これを聴いたあと、強い感動にうちのめされ、しばらく席から立てなかった覚えもあるのである。それからレコードでもたとえば、同じベルリン・フィルをバルビローリの指揮で録音した盤がある。このところしばらく聴かないけれど、あれもかつては、くり返し聴いたものである。音楽として、たしかに甘いけれど、しかし、マーラーと同じくバルビローリも、心の底から正直に、こういう感情に満たされて、書き、また演じているのであって、そういうものに、私たちは、正直にうたれるのである。

ゲーテにかつて、「ホーマーたちは、悲しかったから悲しいと書き、楽しかったから楽しいと書いた。今の人は、悲しがらせようとか楽しがらせようとして、悲しく、あるいは楽しく書く。つまり、これは効果のためのもの」といった趣旨の言葉（ヘルダーにあてた手紙の中で）があって、たしかホーマーの《オデュッセイア》か《イリアス》を読んだあとの感想を書いた一節だったと思う。正確な引用でなくて申しわけないが、とにかく、ここには、重要な真実にふれたものがある。私の言いたいのは、カラヤンはここで「効果の音楽」をやり、バルビローリは、そうでなかったということである。

感情の言葉としての音楽を演奏すること、あるいは演奏を通じて、作品に含まれた感情の表現をすること、元来ならカラヤンには、何かそういう仕事にぴったりしないものがあったはずである。今世紀はじめの指揮界を二分したフルトヴェングラーとトスカニーニの中に、演奏における二つの基本的なタイプの対立をみるとすれば、カラヤンがトスカニーニの流儀から出発した人である。フルトヴェングラーの、いってみれば主観主義に対し、トスカニーニの客観主義の側に立つ人だったといってもよい。

しかし、私はトスカニーニは二度しか聴くチャンスをもたなかったが、楽譜に忠実で、一音符といえど自分の勝手な解釈で曲げたりしない人だったといわれているにせよ――また、かりにそれが少なくとも、彼の目標だったにせよ――たとえば、彼がやったヴェルディのオペラを聴けば、そこにはありあまるほどの感情の表現があったのである。それは、ごく当り前のことだ。ヴェルディはそのつもりで作曲したのだから。ただ、トスカニーニは、ヴェルディの書いたとおりやって、その目的を達成しようとしたのであって、自分の考えたとおりやろうとするのを排したにすぎない。この間も、ミラノ・スカラ座一行の日本公演の解説書に、イタリアの評論家の文章がのっていたが、その中に、こんなことが書いてあった。《オテロ》の初演を前にしてヴェルディはオーケストラに非常に多くの練習を要求したらしいが、ある時最後の幕で、デズデモナの寝室に今宵限り、最愛の妻を殺してしまおうと嫉妬に狂ったオテロが足音を忍ばせて近づいてくるとき、そこにつけられたチェロのパートを受けもった若いチェリストがあんまり小さく弾いていて、ヴェルディの思った効果が出ない。それで作曲者がそのチェリストに、「もっと大きく」と指示し、何度も弾き直させるがチェリストはいつも小さくしか弾かない。業を煮やしたヴェルディがそばにいって注意すると、その若い音楽家は楽譜を示し、「マエストロ、しかし、ここには*pp*と書いてある」といって、譲ろうとしなかった。そのチェロを弾いている若い男こそ、ほかならぬトスカニーニだったのである。トスカニーニにいわせれば作曲家自身だって間違うことがあるのであって、典拠とすべきは楽譜の原典のみというわけだろう。

カラヤンは、この流儀から出た。若いころの彼の速めのテンポ、流線型でもたもたせず颯爽と疾走してゆく指揮ぶりは、そこから由来したものだった。しかし、カラヤンといえど、いつまでも同じカラヤンではない。時とともに、彼のブラームス、マーラー等々には、響きの重厚美麗さだけでなく、テンポの振幅の大きな揺れ、ゆったりした進み方も、聴かれるようになった。このごろの彼のブルックナーでは、そういう傾向がよく出ている。

だが、それでもって感情の表現をするとなると、カラヤンには、曲によっては、ワダカマリがあり、シコリが残る。感情の表現をやらないわけではないのだが、何かしっくりしないものが残っていることが少なくない。それが近年になるにつれ、ますます目立つようになった。

その顕著な例が、彼のモーツァルトに現れている。モーツァルトの音楽は、感情の表現として、非常に微妙な問題を内蔵している。器楽もそうだが、オペラは特にそうだ。カラヤンの最近入れた《フィガロの結婚》のレコードを聴いてみると、序曲からして、何であんなに速いテンポで、せかせかやるのか、私には、よくわからない。そういうことが、つぎからつぎと起こる。ベームの、あのやたら遅いテンポとは対照的である。何も、ベームと張り合った結果、こうなったなどというばかなことを考えるわけではないけれど、不思議な気がする。少なくとも、目下のところ、モーツァルトはカラヤンのアキレス腱ではないだろうか。

マーラーの新しい演奏　ジェームズ・レヴァイン

レコードの世界の関係者たちはどう思うか知らないが、私にとっては、ジェームズ・レヴァインという人の指揮したマーラーの交響曲のレコードは、近来での発見だった。それを初めて聴いたとき、私は、かつてのグレン・グールドのバッハ、ゲルバーのブラームスのレコードに初めてぶつかったとき、ある日何気なくラジオのスイッチを入れたらいきなりポリーニのバルトークが聴こえてきたとき、ベルリンの演奏会でアルゲリッチを初めて聴いたとき、そういった機会に匹敵する驚きと、喜びを味わった。

実は、レヴァインのマーラーは、去年ひさびさで音楽之友社の岩崎和夫氏に会ったあと、彼から私のところに送りつけられていたのである。私はマーラーは嫌いではない。まして、聴くに値するものといわれて初めて手にしたレコードは、たいてい一度は聴いてみる。しかし正直いって、マーラーの音楽というものは、私のせまい部屋で聴くには少しかさばりすぎ、特にそのねとねととまつわりつくような粘液質的で、耽溺的な体質は、少々うっとうしすぎる。だからはじめは、聴くつもりではいても、いざとなると、つい、ほかのレコードをとりあげ、マーラーはあとまわしにしてしまう。この時もそんなわけで、ほっておいた。

それが、先日偶然の機会で、まず《第五》を聴き、無精と無知の居眠りから、いっぺんにひきずり出されたというわけである。

一言でいえば、私は、彼のレコードで、マーラーを聴く新しい耳をひらかれたといっても過言ではない。レヴァインの指揮で聴くと、これまで私たちの耳や目の正面に立ちふさがっていた音の形姿や音の集団のほかに、その陰に隠れていたいろいろなものが聴こえ、見えてくる。それは何もないと考えていたところに木が、草が見えてきたり、まっくらな陰に魅惑的な小径があるのに気がついたような心地である。マーラーの音楽には、まだ私たちが見たことも聴いたこともないものが、こんなに残っていた。そうして、それがわかってみると、私たちの前にあるものは新しい歌であり、新しい香りであり、新しい花であることがわかってくる。

それはまた別の言葉で、マーラーの天才的なオーケストレーションで編まれた音の織物が、これほど正確に私たちの目の前にくりひろげられたためしはなかったと言い直してもいいようなものだ。しかし、ここで私たちの経験するのは、機械的に、表面的にスコアに書いてある音がみんな聴こえてくるということとは、まるで違ったことである。そうでなくて、ここでは、すべてが単なる「音」ではなくて、「音楽」として提出されているのだ。技術的に各パートが全部鮮明に正確に再現されているという だけだったら――そういう印象を与える演奏だったら、いままでだって例はなくはない。たとえばショルティのレコードも、メータのも、そうだった。しかしレヴァインのは、そういう次元の話でなく、ちょうどシェーンベルクたちの音楽を扱って、主旋律ないし副旋律と記号をつけられた声部だけでなく、ほかの「伴奏」的声部もみんなよく鳴っているのを経験する場合に近く、木管や弦のこみ入った動きの最中に、ホルンがまったく新しい歌を歌っているのに気がついたり、打楽器が微妙なニュアンスとダイナミックで音楽をやっているのを知らされたりするに近い。その上、マーラーのあの煩わしすぎるくらい綿密に書き込まれた各種の記号や表情についての指定が、よくもこんなに徹底して忠実に守りながらも、しなやかでのびのびと自由に再生できたものだと感心する（これはもちろん、一面ではＲＣＡの技術陣の優秀さの証拠であろう。ＲＣＡはこのマーラーをもって、はじめて、現代水準にふさわしいトップクラスのマーラーを所有するに至ったといったら、いけないだろうか）。

レヴァインの演奏を追ってゆくと、私たちの心眼に、マーラーの音楽の魂と形とが、聴く前とは比較にならぬ鮮かさで生き生きと見えてくる。レヴァインのマーラーは、一見どちらかというと明るく楽天的に聴こえかねないが、これは演奏が甘いからではない。逆である。どんな芸術作品でも、それが真に偉大な創造である場合は、必ずそこに「ものを創造する営み」につきものの積極的肯定的な精神の発動なしにはすまないのである。レヴァインの演奏の明るさは、この「真の生産」に伴う明るさ、積極性と切っても切り離せない結果にほかならない（もっとも、彼がこれまで入れたマーラーでは一九七四年の《第四》、《第一》に比べ、七五年の《第三》、七七年の《第五》は一段とすぐれた成果を収めているのは事実である）。

もう一つ、このレコードに私が感謝せずにいられないのは、このおかげで、私はと、う、と、う、自分が経験してきたマーラー演奏の変遷についての展望を得ることができたという点である。私たちが現在もつ「マーラー像」の形成にはバーンスタインの業績がすごく大きい。彼こそは第二次大戦後のマーラー復活で先導的役割を演じた人であり、彼なしには「今日のマーラー」はなかったろう。彼がニューヨーク・フィルと一緒に東京でやった《第九》を忘れることができようか？　あれこそはまさに声涙共に下る大熱演であり、劇的で雄弁なマーラーの絶頂があすこにあった。あれはマーラー・プラス・バーンスタインであるとともに、マーラー的であると同じくらいバーンスタインそのものだった。同じ激情的なマーラー像の建立者にショルティがいる。この人の場合は、バーンスタインの内面からの噴出であるのと同じくらい外側からアプローチしたものであり、計算された知的なものと、痙攣的でメカニックな激情とが混成一体となっているのが特徴だった。若い人でこのタイプを追う人にメータがいるが、私には彼のマーラーは時代錯誤としかみえない。あれはマーラーの本質でもメータの本領でもない。

それより年上でも、新しいマーラーの像に近寄っているのはジュリーニで、彼の最近の《第九》は動と静、ダイナミックと歌、強烈さと透明さの両面の間でほどよい均衡を成就した名盤だった。

この方向にさらに決定的歩みを刻んだのがレヴァインではなかろうか。マーラーの交響曲がこんなに澄んで線的構図をもって聴こえてきたのは、(タイプは違うがアッバードを除けば)彼が初めてだろう。その構図のどの線をとってみてもそこでは、マーラー以前にはかつて夢想されたこともなかったような細部の曲線で豊かに飾られた歌があり、またどの線をとってみても、ほかの線との間に——ある時はあらわに、ある時はひそやかに——緊張と親和関係が存在している。

レヴァインのレコードには前述のように一九七四年の《第一》［RCA　RVC二二九九］*、《第四交響曲》［同　RVC二三〇〇］*があり、七五年の《第三》［同　RVC二二五四〜五］*、七七年の《第五》［同　RVC二二三四〜五］*があり、そうして今度は《第六交響曲》［同　RVC二二七五〜六］*が出た。《第六》はマーラーの中でも構成の複雑と表現の渋い峻厳さとで屈指の難曲である。レヴァインの棒をもってしても楽には聴けない。それでも私は一気に、しかもごく自然に聴き通すことができた。数えきれないほどたくさんの声部が息づき、踊り、歌い、嘆き、地団太を踏み、戦い、祈り、絶望し、打倒されるありさまにつぎつぎ接しながら私は、この演奏に導かれて進む限り、いつも明らかな道が一貫しているのを感ぜずにいられなかった。

＊これらの番号（ＬＰ）はすべて廃盤。ＣＤは《第一》が〔ＲＣ　ＢＶＣＣ九三六三〕、《第五》が〔同　ＢＶＣＣ九三六四〕、《第三》と《第六》が〔同　ＢＶＣＣ七三〇一～三〕廃盤、《第四》が〔同　ＢＶＣＣ五五一二〕廃盤。

交響曲第五番 他

ジュゼッペ・シノーポリ指揮　フィルハーモニア管弦楽団

CD［グラモフォン　POCG九〇〇六六］

シノーポリがマーラーの《第五交響曲》を指揮したレコード*が出た。

*フィルハーモニア管弦楽団との一九八五年の録音、CDは［グラモフォン　POCG九〇〇六六］。

LPとCDと、同時に発売されたけれど、LPは二枚組で、第四面にはマーラーの若いころの歌曲が六曲*入っている。交響曲も良いけれど、この歌は一段とすばらしい。いずれほかの歌曲と一緒にして、CDでも出るという話であるが、今月はこの交響曲と歌曲の両方が入っているLPについて書こう。

*《若き日の歌》からの六曲で、一九八五年の録音、CDは［グラモフォン　POCG四一八六～七］。

歌曲の方は聴いてすぐその良さがわかる。しかも、以前聴いたことがないわけではないのに、まるで初めて聴いたように新鮮に聴こえる。新鮮といったが、それは若々しく潑剌と聴こえるというのでなくて、「初めて聴いた大切な一言」のように、まっすぐに胸につきささるような力をもっているという意味である。これらの歌曲が、こんなに良い曲であること、《さすらう若人の歌》はもちろん、《子供の魔法の角笛》のほかの歌やリュッケルトの詩につけた歌曲にも、さほど聴き劣りしないほどのすぐれた歌だということを、痛切に感じさせられた。もちろん、音楽としてのテクスチュアは、後年のものに比べると、少し単純だけれど、表現の的確さと、その表現しようとしている内容においては、後年のものにそうひけはとらない。それに、若いころの歌曲（Frühe Lieder）といっても、中のあるものは、《第一》、《第二交響曲》と同じころか、とにかくそれとあまり変わらない時期に書かれたのだから、ショットから出ている楽譜にある「Lieder und Gesänge」（歌曲と歌）という標題の方が、誤解をまねかずにすむのかもしれない。《リュッケルト歌曲集》その他との決定的違いは、こちらはピアノ伴奏の独唱歌曲であり、ほかのはオーケストラ伴奏だという点である。そして、このレコードでは、その伴奏もオーケストラになっているのだから、普通のピアノ伴奏で歌うのを聴いた場合と、印象がうんと違ってくるのは、不思議ではないといえるかもしれない。

事実、シノーポリの指揮の最大の特徴は、こうやってオーケストラでやって初めて完全に出てくるのである。

最大の特徴とは何か？

音色である。シノーポリは、マーラーの音楽の基本的性格が音色の音楽であると規定していることが、この演奏を聴いて、私にもよくわかった（マーラーが音色の音楽家だというのは、バーンスタインのインタヴューの中にも出てきていたが、私のいうのは、バーンスタインのいう「音色」と、重なる部分もなくはないが、違うのである。彼のは、「マーラーは調性で書いた最後の人だ」ということなのだ）。

その前に、一口でいえば、シノーポリという指揮者にとって、音楽の音は、単に音の高さ、音の長さと速さ、音の強さ、それからいくつかの音の作るリズム、それから音と音との間に生まれる音程等によって規定されるだけでなく、そこに「音色」というほかのものでは代置しがたい要素をもって成り立っているのだ。

この点で、シノーポリがイタリア人で、早くからオペラの指揮者として台頭してきたのも不思議ではない。声楽、つまり歌い手たちの音楽は、たとえ同じテナー同士が同じアリアを歌ったときも、同じソプラノ仲間が同じレチタティーヴォを歌ったときも、そこに截然とした音色の相違が存在するのだから。

しかし、こんなわかりきったことを書いているのは退屈だ。読者もつまらなかろう。先に進もう。それは、最初に戻そうというのと同じことだ。

シノーポリの指揮したレコードについては、以前シューマンの《第二交響曲》をとり上げたことがある。あのときは、同じ月か、あるいはそれとごく接近して、シューベルトの《第八番交響曲「未完成」》とメンデルスゾーンの《第四番「イタリア」》を組合せたものも出た。これも本当によかった。

しかし、あんまり同じ人のものばかり書くのもと考えて、詳しく書くのは遠慮した。しかし、このシューベルトを聴いて、私は《未完成》を通俗名曲として長い間まともに聴く機会をもたずにいたことを、心から悔いたものだった。

何という音楽だろう！　これを聴いて、心がはりさけるような悲しみと、何か定義しがたいものへの憧れと、小さいが心に響く慰めといったものを感じない人はないだろう。ただ、こういっただけでは、あんまりありきたりで月並みで、そうして感傷的な言葉の羅列になってしまうので、今では、誰も正面きって、こう言えなくなってしまっているのだ。

だが、事実は否定しようがない。

私はシューマンの交響曲のときも書いたが、シノーポリという音楽家は、自分のとり上げた曲の長所はもちろん弱点まで、すっかりさらけ出し、何も彼にも全部包みかくさずぶちまけてしまう。彼にとっては、音楽は人生のまっただなかにある魂のドラマなのである。その中に、笑いも涙も、喜びも悲しみも、希望も絶望も、みんな出てくる曲、そういうのが音楽であり、そういう音楽を彼は、とり上げて、その曲の魂の在り方を、聴き手の前にぶちまけるのだ。

実演のとき、《未完成》の第一楽章の第二主題が、際立って遅いというので、ロンドンの批評家から非難されたという話だが、この主題の出る前に、ホルン（とファゴット）が、第三八小節の第二拍から第三九、四〇の二つの小節の全部と次の第四一小節の第一拍まで、全部で九小節ずっと、D音の上で接続されたあと、やっと少し動き出す。この九拍の間、じっと動かずにいる間、聴く者は、耳を澄まして——という以上に、全身を硬くして、じっと待ちうける。

そのとき、この動かない音の中で、何が起こるか？ それが問題なのだ。

それまでの烈しい動きでクライマックスにまで上ってきた音楽の勢いは、ばたっと止まってしまう。*ff*－*fz*－*fp*それからデクレッシェンド……。

シューベルトも、足がすくんで、もう一歩も進めない。できれば、ここで先に進まず戻りたいのではないかという疑いさえ抱かせる。いずれにせよ、まったく凍りついた時間。

そういう心の底の動揺を押し包んだ不安のあとで、心臓の痛くなるようなシンコペーションの和音の*pp*での連打にのって第二主題が、かすかに動き出すのだ。

いくら遅くても不思議ではない。人生で、もう一歩というところで、先に進めないという苦しさを味わったことのある人間には、この一歩一歩足を前に出すということが、どんなに恐ろしいことか、知らないはずはない。シノーポリは、そういう音楽を、シューベルトに読みとり、それをそのまま、音にする男である。

こんなこと、誰だってやっているはずなのに、いつも、そう聴こえるとは限らないのはなぜか？

ここは、この《未完成》について書く場所ではないから、このくらいにするが、もう一つだけ、このレコード（CD）について、どうしても書いておかなければならないのは、この悪夢のような、心の痛みに満ちた音楽が最後の和音を鳴らし終わったあと、私たち聴き手が、声もなく、じっと坐り込んでいるとき、時の流れもそのまま停っているとしか思えないとき、突然として、まるで天の一角から明るく爽やかな光りが射し込んできたみたいにトランペットが高々と鳴らされる。

メンデルスゾーンの《イタリア交響曲》が始まったのである。シューベルトのあとのメンデルスゾーン。メンデルスゾーンが、私の耳に、こんなに見事な転換をもってくるとは、夢にも知らなかった。

これは、あの《真夏の夜の夢》の〈ノクターン〉のあとで、突如として、〈結婚行進曲〉の開始のトランペットが鳴らされるときの印象に、よく似ている。あれも見事な開始である。しかし、この《未完成》のあとの《イタリア》の最初の信号はもっと心の奥まで貫く。

それというのも、その前にあって、私たちの悲しみが、固い出口のない悲しみとして、私たちの心を殺す寸前までいっていたからであって、それに比べ、《真夏》の

〈ノクターン〉は私たちがいつまでもそこで眠っていたたい甘美な陶酔だったのだから。

いずれにせよ、私は、この《イタリア》の第一撃の中に、天性の劇的音楽家としてのシノーポリの卓抜な才能をみたのだった。

それに対し、今度のマーラーの《第五》は、聴き手に、重く苦しい長い旅を強いる演奏だ。この間、あるところで、私はシューマンの《第一交響曲》について短い文章を書く必要があり、そこでふれたのだが、シューマンは、交響曲の構築的な流れの急所急所に一つか、さもなくとも少数の楽器によるカデンツァめいた即興的な楽句をさしはさむのを好んでいた。私は、シューマンはこの手法をベートーヴェンが《第五交響曲》の第一楽章で例のタタタ—ターの主題を再現した少しあとでオーボエのソロによる短い楽想を入れたやり方から覚えたのではないかと書いたのだが、同時に、このシューマンのやり方はマーラーにひきつがれた。《第九》の第一楽章に長大なカデンツァがあるし、《第五交響曲》でも、あのアダージェットのあと、終楽章に入る直前にホルン、それからファゴット、オーボエと、この三つの楽器による短い導入のパッセージがあると指摘したのだった。

ここのところは、エピソードでなくて、導入部として、あとに続く主要部と有機的なつながりをもっているのだが、しかし、それを、アダージェットの瞑想のあと、長大で困難な行動に入る前、その転換を唐突でない円滑なものにするための移行的な音楽とするか、それとも、瞑想のあとの行動——これもまた実は人生という夢の中での出来事でしかないとして、要するに、この二つの楽章の関係は静的な夢から動的なそれへの移りゆき、交代でしかないと考えるか。そこに大きな違いがある。

私が、こんなことをいうのも、このシノーポリの演奏で、ホルン以下の数小節を聴いていて、それがもってきたロマンティックな夢の深まりに、新鮮な啓示を受けたからである。

この《第五交響曲》の終楽章が、終わりに出現するコラールのクライマックスに向けての壮大な行進として構成されているのは、いうまでもないことだ。そのクライマックスの造成では私は、かつてショルティがシカゴ交響楽団（?）を指揮して、東京でこの交響曲をやったときの筆紙につくし難いような盛り上がりを忘れることができない。あのときのは、まるで大洪水のときの川の氾濫みたいに限りなく力強く、どんな抵抗も許さないような圧倒的な勢いで押し寄せてきた末、そこから金色に照り輝く巨大な像が目の前に立ち上がったみたいにコラールが鳴り響いてきたような演奏だった。

それに対し、シノーポリのは、もっとはるかに屈折したものを背負っている。ここではクライマックスに到達する前に、行動者は何回も倒れる。息がつまって、先に進

めない。たとえば第二三三小節で、四部に分かれた第一ヴァイオリンが和音をつくったまま、*pp*で下降してくるとき、彼は倒れたまま、何か遥かなるもののヴィジョン（幻影）を見ているかのようだ。響きは遠く遥かだが、はっきり見えてはいるのである。

しかも、この音の柱は、上から下ってくるにつれて弱くなる。普通と逆なので、かえって、見える像の幻影的性格を強めることになる。

これはもちろん原曲にあることだから、どんな指揮者でも、根本的には同じようにする。ただシノーポリの場合は、こういう個所（ほかには、たとえば、第六〇六小節のオーボエとホルンの対話するところにA管のクラリネットが*pp*で小さい合いの手をくり返し入れるところとか、六四〇小節以下とか）が、とりわけ印象に残るよう演奏されるのである。その結果、例のコラールは、やっと勝ち得た最後の勝利といったものになり、ダイナミックな盛り上がりは、むしろ、そのあとのまるでベートーヴェンの《第九》の終わりみたいな盛大な締めくくりに圧倒されてしまっている。

不思議な《第五交響曲》である。しかし、忘れられない。これに先立つ諸楽章でも、神話的なもので印象的な個所が幾つもある。そうして、そのすべてが、はじめに書いた音色――楽譜のそれ――と緊密に結びついているのだ。歌の一つ一つについて書く余地がなくなってしまった。しかし、この歌が名演なのである。大筋だけでも書こう。

《子供の魔法の角笛》の系統でいうと、この一連の歌は、元来が「民謡」的性格なのだから、いろいろと心理の複雑なカゲリのある表現は問題なわけだ。だから、たとえば、フィッシャー＝ディースカウがバーンスタインのピアノの伴奏で歌っている〈シュトラスブルクの砦で（Zu Straßburg auf der Schanz）〉とか〈二度と会えない（Nicht wiedersehen）〉とかは、わざと「強そうに見せかけ、素朴めいたふりをした」歌い方をする。これが「民謡調（Volkston）」と指定したときのドイツの「芸術音楽」のやり方の一つの伝統なのだ。だがシノーポリは、その配慮を一切捨てる。彼は脱走に失敗した兵士の絶望、恋人に死なれた若者の嘆きをむき出しに音にする。二つとも葬送の音楽だが、そこでの低音の強さ（特に〈二度と……〉での）はなまじの不協和音を凌駕する。そうしてそこではきつくて苦しい「音色」が支配する。

逆に〈自己確認（Selbstgefühl）〉とか〈夏の終わり（Ablösung im Sommer）〉のユーモアは、泣きべそをかきながらの冗談であるだけに、一層、鋭く表現される。

中でいちばん私が愛したのは〈春の朝（Frühlingsmorgen）〉で、その柔らかな開始（ここではマーラーは最初からピアノに〝ペダルをよくきかせて〟と指定しており、それに応じて、オーケストラの音色も幾重にもかさなって、すごく陰影に満ちた響きになっている）、それから鳥の声を模倣して頻発するトリラー、終わりの方で歌と伴奏の間でくり返すカノン。眠気のさめやらぬ春の暁の気配を描いて、こんな音楽が存在しようとは、私は、これを聴くまで知らなかった。いや、この演奏を聴くまで、知らずにいた。もう一曲の〈悪い子をお利口にするため（Um schlimme Kinder artig zu machen）〉も素的な歌である。快いリズムとアクセントにのって、音楽は馬にのって駆けてゆく。

歌手はベルント・ヴァイクル。これも名唱である。彼の声には独特の音色があるのが、ここで採用された理由だろうか。この歌い手は笑い声も泣き声も、同じくらい柔らかで温かで深く、聴き手の耳でなく、心のすぐそばで鳴るように歌っている。

それはもちろん、シノーポリと合議の上のことだ。シューベルト、シューマン、そうして今度のマーラーと、シノーポリを聴くにつれて、この人が「形」の芸術家でなく「赤裸の心」の音楽をやる人であることが、次々にわかってくる。

菩提樹の花の香り

このあいだ、ある狭い小路をぬけて大通りに出ようとしていたら、どこからともなく良い匂いがしてくる。何かと思ってあたりを見まわすと、そばの垣根ごし、真白いくちなしの花が見えた。そのお宅はちょうどT字形の曲がり角にあるので、三つの方向のどこから来ても匂いはするのだが、垣根が高く、さらにその花も高い枝に咲いているので、こんな具合に、まず匂いに呼びとめられ、思わずふりかえると花が目につくという恰好になるのだ。

日本にも、くちなしのほかに匂いの強い花はいろいろあるけれど、私の経験でいうと、初めてヨーロッパに行ったとき、花、それも草花ではなくて、木の花で香りの高いのがたくさんあるのにびっくりしたものである。

復活祭の少し前だから四月の初め、三月の末のころだった。ローマに入ったときは、あちこちにライラック（リラ）の花が咲きむらがっていて、その色の美しさとともに、匂いの快さに魅せられた。それからパリに戻ったら——五月の末近くだったろう——マロニエ（カスタニエン）の花盛りで、その並木の下を歩いていて、あまりに匂いが濃厚なので、半ば酔い心地になったのも覚えている。

しかし外国で味わった花の香りというと、私は何よりも六月のベルリンでのリンデの香りを思い出す。

今から一〇年近い昔になるが、私は一年ほどベルリンで暮らしたことがある。その年の春も終わろうとするころ、家内が病気で入院した。友達がいないわけではなかったが、外国暮らしの身で、たった一人っきりの相棒が何週間も寝ているというのは心もとないものだ。私は毎日午後になると病院に見舞いに出かけたが、それは病人のためであると同じくらい、一人で家にぽつんととり残された心細さからでもあった。そのころの私たちの家は郊外の閑静な住宅地にあった。私はそこから近くの——東京流にいえば——国電の駅から電車に乗って病院に行き、夕方になると、同じ道を帰ってきた。その近くの駅前に大きな広場があり、その広場を囲んで多くの木が並んでいるのだが、そのなかに一本のリンデの大木があった。本当に大きな木で、日中は、かなり大きな広場の一角を、その木だけで傘でもかぶせたように巨大な影で覆うほどだった。

そんな病院通いの毎日のなかで、ある日広場に出ると、どこからか、良い匂いがしてくるのに気がつき、何だろうと思った。それから何日ぐらいしたろうか、もしかしたら一週間？　あるいはもっと？　ある夕方病院からの帰り、駅から広場におり立つと、あたり一面、ものすごい匂い。例のリンデの大木が真白に花をつけて聳え立っていて、その花の匂いが、まるで目に見えない洪水か何かみたいに、あたりにみなぎりあふれている感じ。私なんか、頭の先から足の爪先まで、そのリンデの匂いにすっぽり包まれたようなものである。いや、実に大変なものだった。

「花たちばなの香をかげば」と歌った、写真を知らなかった昔の人にとって、香りは過ぎし日、過ぎし人のことを思い出すよすがとして大きな役をつとめていたわけだし、今の私たちにも、昔を今にかえす働きを失ってはいない。それに匂いが、音と同じように、自分も形も姿もなく、来たと思うと消えゆくくせに、過ぎやすく消えやすく、はかないものを心に残すのに役立つのはおもしろいことだと思う。

リンデは日本語で菩提樹となっているので、お釈迦様との連想もあって、何か仏教臭い感じがあるが、ヨーロッパでみるリンデは、かしの木とか、もみ、ぶなといった木と同じく、亭々たる大木であることが少なくないし、そういう場合は、実に堂々としているうえに、その枝と葉のしげり具合にどこか丸みと温か味を感じさせるものがあって、いかにも頼りがいのある美しい大樹といった趣を呈する。それにこの木は、いくら大きくなっても、威圧感を与えない。

菩提樹といえば、あのシューベルトの歌曲〈リンデンバウム〉を思い出さない人はないだろうが、実際リンデの大木にぶつかってみると、たしかにあの歌にあるとおり「喜びにつけ悲しみにつけ、何かあると、いつもそこに行って」みたくなる気持をそそるものがある。

あれは本当にすばらしい歌に違いないし、生活の戦いに疲れたあと、仄暗い部屋のなかで、「また私のところに戻っておいで。ゆっくり休むがいい」と囁く、あの歌の葉ずれの音を聴いていると、心の底からひきつけられ、どこかにひっぱりこまれるような気がするが、私がここで書いておきたいのは、リンデの花の匂いを歌った歌である。それも病気の妻を見舞った帰り、まるで全身を包むようにして私を迎え、身動きできないほどがっちり抱きかかえてくれた満開のリンデの強烈な香りではなくて、それと気づくか気づかないかのまま、嗅いでいたときの、あの仄かなリンデの香りの歌である。

その歌はグスタフ・マーラーが《リュッケルトの詩につけた歌曲集》にとり入れたもので、「Ich atmet' einen linden Duft（私は仄かなリンデの香をかいだ）」、という句で始まる。リンデ（Linde）というドイツ語はリンデの木を指す名詞であるとともに、「軽い、おだやかな」といったほどの意味の形容詞でもあり、詩人リュッケルトは、この言葉を軽妙な音の戯れとして、ふんだんに使いながら、あるかなきかの仄かな、しかし、だからといって、けっして気のせいでしかない空想的なものではなくて、確固として実在している香りと、その仄かな香りに託された愛の息吹きを、一つの小さな詩にまとめ、それを土台として、音楽家マーラーは、その詩に優るとも劣ることのまったくない、微妙で香りの高い小さな歌をつむぎ出した。

僕はあるかなきかの香りを吸った
部屋には　いけてある
リンデの枝が一つ
愛する人の手からの贈物
リンデの香りの何という快さ

リンデの香りの何という快さ
君が優しく折ったリンデの若い枝
僕は　そおっと　かぐのです
リンデの香りのなかに
愛のあえかな香りを

マーラーの歌曲は、独唱のほかに、フルート、オーボエ、クラリネット、ファゴット、ホルン、チェレスタ、ハープ、それに弱音器つきのヴァイオリンと、それからヴィオラというかなり大きな編成をとっていながら、全曲を通じ、一度に三つか四つ以上の楽器が鳴らされることはなく、まるで、薄物の衣裳のように透けてみえ、デリケートな管弦楽の扱いになっている。管弦楽つきの歌曲ではあっても、最高の室内楽の味わいの音楽である。

花の香りを音の世界に移した作品として、これ以上のものを私は知らない。この曲をまだ聴いたことのない人は、私はとても幸せだと思う。その人の前には、すべての点で誇張と力ずくとわざとらしさが、注意深く避けられていて、ただ、おだやかで、しかも最高に繊細で純粋な音楽に、初めて耳を傾けるという楽しみが待っているのだから。

文庫あとがき

一九六八年のある日、ベルリンで暮していた私のところにまだ若かった小澤征爾がやって来た。彼はベルリン・フィルでマーラーの第一交響曲を指揮したばかり。話は当然それに及んだ。「ところが楽員の中にはこの曲一度もやったことがない。マーラーなんてよく知らないなんて平気でいうのが大勢いるんですよ。驚いちゃった」と彼はいった。

不思議でも何でもない。ドイツではこの間までマーラーなどユダヤ系の音楽家の曲は御法度だったのだ。私は小澤がそんなことも知らないのにむしろ驚いた。でも、考えてみれば、同じ敗戦国でも日本ではそうではなかった。

とはいえ、マーラーは戦前だってごくたまにしかひかれなかった。戦後しばらくは専ら第一交響曲か、せいぜい第四。山田一雄がN響で第二とか第三とかやると、特別評判になった。外来の楽団の演目もそんな程度だった。

今度私が書いたマーラーに関する文章を文庫にするというので久しぶりに読み返してみて、それらを書いたころの私にとって、マーラーがどんなに新しいものだったか、今さらのように痛感した。書きながら、私は一生懸命勉強していた。マーラーの「旋律を作る特別な才能」を躍起になって追究してみたり、楽譜に当って調べるのも演奏でつかむのも、当時の私には新しい土地に足を踏みこむ仕事だった。その演奏にしても、この本にはバーンスタイン、ショルティ、私の好きになったバルビローリ、それからもちろんヴァルターなどは出てくるし、レヴァインからシノーポリ、ブーレーズあたりまでは出てくるが、ハイティンクはおろかアバドなど全然無視。当時日本でさえ評判の悪かったカラヤンのマーラーにはふれている。彼にとっていかにマーラーが異質の居心地の悪いものだったかに少し立ち入ってはいる。彼に限らず、十九世紀以来のドイツの伝統に立つ指揮者たち――フルトヴェングラー、クナッパーツブッシュ、クライバー、ヴァントらの演目にはマーラーの名は見当らず、マーラーを早くからとり上げたヴァルターやクレンペラーらこそ特殊、異端だったのである。

私は戦後になってものを書き出した人間だが、その私がマーラーの交響曲全九曲をすべてきいたのはバーンスタインがコロンビアから出したLPの全集を通してだった。あれは七〇年代に入ってからのものだったと思う。それからマーラーの全盛時代が始まり、今評判のマリス・ヤンソンス、ドゥダメルらに至るまで、マーラーの交響作品は世界中の音楽市場に氾濫するまでになっている。
私のこの小さな本はそういったマーラー全盛の全貌にふれることは愚か、一つの局面を覆うにもたりないものでしかない。言い換えれば、これはマーラーがまだ「新しかったころ」についての一音楽愛好家・執筆業者のささやかな体験の記録でしかない。それにもかかわらず、この本がマーラーが投げた一つの石がめぐりめぐって遥か東方の島国にまで及ぼした波紋の一つとして、不完全ながらも「マーラー入門」のような役に立ったとしたら、どんなにうれしいかわからない。

二〇一一年一月

吉田秀和

解説

むずかしさの奥に向かって

小沼純一

ことし、二〇一一年は、グスタフ・マーラーが亡くなって百年、そして『バグダッド・カフェ』で知られたパーシー・アドロン監督による『マーラー 君に捧げるアダージョ』が公開される。コンサートでも、マーラー作品は、通常よりかなりめだったかたちでプログラムされていると言っていい。そうしたなか、吉田秀和のマーラーをめぐって記されたことばが一冊の文庫となる。

本書に収録された二つ目の文章、ほかもあわせてもっとも規模の大きい「マーラー」の冒頭で、吉田秀和はいきなり、「マーラーはむずかしい」と始めている。すこしくわしくみてみよう。

マーラーはむずかしい、私には。

私には、まだ、彼がよくわかったとは言えない。では、なぜ、彼のことを書くのか？　私はマーラーの一部しか知らない。だが、その一部でさえ、私の心を強くとらえ、彼の全体について、知れるだけのすべてを知り、味わえるだけのすべてを味わいたいという欲望をかき立てずにおかない。（一五頁）

そうか、この批評家にしてマーラーは「むずかしい」のか。そのように納得するか。あるいは、批評家であったとしても、むしろ批評家であるからこそ、率直にむずかしいと書き記すことができるのか。吉田秀和はかさねてマーラーに対しての逡巡を吐露する。「好きでなかったといってもよい」と、「異常にひきつけられると同時に、そこから離れたいという気持を覚える」と言う。「この音楽でなくて、もっと軽い足どりで歩いたり踊ったり、歌ったりする音楽へ」……あたかも、ベートーヴェン《第九交響曲》の、シラーの詩句のように。「もっと軽い足どりで」？　たしかに、吉田秀和がもっともインクを多く費やしたモーツァルトをおもいおこすことは容易だ。先の二つの段落につづく文章を引こう。

だが、私には、いつになったら、それがやれるか、その成算がないのである。私は、いつの間にか歳を重ねこのごろでは、しばしば、一日の終わりに、こうしてま

た、私の生の日の終わることを知らされているのだなと、思うようになった。（一五頁）

批評家がそうしたかろやかな音楽に「戻ってゆきたい」にもかかわらず、あえて「マーラーを考え」なければならない、と、「自分がまだやれる間に、私の今の力が許される限りでのマーラーとの決着をつけておくこと」が課題なのだ、との表明がつづいて読める。

この文章の初出は一九七三年から七四年にかけての雑誌連載だ。一九一三年生まれの吉田秀和は、ちょうど還暦を迎えたころ。七〇年代、還暦は現在のように「若さ」をあらわすものではなかった。しかも五十歳で亡くなったマーラーよりも、この時点で十年ほど長い生をおくっている。さまざまなかたちでのすりへってゆく生のありようを心身に刻印された十九世紀末の作曲家を、遠ざけていたとのおもいが、批評家に感じさせるものがある。それでいて、時間はかぎられているとのことばが洩れる。「とても、マーラーにたっぷり時間をかけている暇はないだろう。若いとき、なぜ、やっておかなかったのか？」

この悔いは、しかし、吉田秀和のみのものだったろうか。そうはおもえない。すくなくとも、わたしは、そう、おもわない。マーラーが好きです、感じいるものがあります、と屈託なく口にする若者に遭遇したとしたらどうか。マーラーが研究課題です、いま修士論文をやっています、というような学生への、違和感がないか。年齢のせい、気質のせいもあるかもしれない。時代のせいもあるのかもしれない。マーラーの歿後、二度の世界大戦があり、この列島の敗戦があり、一種の暗黒状態から高度成長へと右肩上がりとなったなかで、マーラーの存在はしっかり意識していたうえで、遠ざけられたことは偶然でない。「もっと軽い足どり」の音楽こそが愛おしい。おなじ時代でも、冷戦状態にあった旧ソ連で、ショスタコーヴィチがマーラーに多大な依拠があったのはこの裏面としてある。そうした時代とのかかわりをみたとき、いま、若いひとがマーラーへの傾斜をつよめるほうがあたりまえなのかもしれないし、反撥を抱いてしまうほうがずれている、「時代」への不感症を表明していることになるのかもしれない。

だが、吉田秀和が「むずかしい」としているのには注意が必要だ。本論のなか、どれだけ精緻な作品へのアプローチがあるか、シェーンベルクがマーラーについて述べた文章への的確な読解があるか、をみてみればいい。《第六交響曲》を愛聴するひとはいても、ここに譜例が引かれるようなかたちで作品全体を結びつけながら聴き、聴くことによってあらたにみずからのうちに、音のないまま、もうひとつの《第六交響曲》をたちあげることは容易ではない。聴いただけではすまず、ひっかかりをおぼえてスコアそのものを参照し、さらに音のならびを読みこみ、という作業。そのうえでの「むずかしい」だということ。そして、「マーラー」のあとにつづく、誰かしらの演奏によるマーラーの代表作の録音についての文章が、この「マーラー」の具体的な演奏の場においてどう実現されているかのノートになっているということ、を記憶にとどめておきたい。

本書の読みごたえは、吉田秀和という批評家が、アンビヴァレントなおもいを抱きながら、しかし、好き嫌いではない「価値」なるものを世紀末の作曲家の音楽にみいだし、何とか複雑なみずからのなかにある状態そのものをことばに、文章にしようとするところにある。もちろん、マーラーの生涯をほぼ一ページで要約し、歴史のなかの音楽の変化・変遷をたどる、といった啓蒙的なサーヴィスも怠っていない。そうしたところにひとりよがりで専門性を鼻にかける輩とのちがいを示しつつ、そのうえで、「音楽を本当に味わう力」(三五頁)の有無についてきびしく選別することも忘れてないのだ。

音楽を聴くことは、それが私たちを誘ってゆく国に、私たちの身をまかせることを意味するにほかならないのはもちろんだが、この音楽をより全面的に、より全身的に受けとめるためには、聴き手である私たちは、ただ追随し、自分を忘れるだけ

では十分ではないのである。この音楽には、それ以上のものが含まれているのである。（三五－三六頁）

巻末の初出をみてみると、本書におさめられた最初の文章は、「一九四八年頃」とあるから、まだ第二次世界大戦が終結して数年の時期である。だから、ここにあるマーラーについての文章は、ほぼ六十年の幅があることになる。先に、批評家が「私は、いつの間にか歳を重ねこのごろでは、しばしば、一日の終わりに、こうしてまた、私の生の日の終わることを知らされているのだなと、思うようになった」との一文を記しているのを引いた。三分の楽曲を聴くためには三分が必要だ。文字どおり物理的／身体的との両方の意味のかさなったフィジカルな時間が、音楽には、ある。そうした認識のうえでつぎのような文章を読むとき、わたしは音楽と生ということを考えずにはいられない。

さっき私が、マーラーの人類におくった最も美しい、最もすばらしい贈物とよんだ作品は、ここから生まれてきた。そうである以上、この三つの音楽（引用者注《大地の歌》、《第九交響曲》、《第一〇交響曲》のためのアダージョ、を指す）が、文字通り、ひとりの人間の遺言であり、ひとりの芸術家の大地への訣別の歌であったのに、何の不思議もないわけである。

そういうこととならんで、というより、それよりもまず、私は寿命が数えられたと知ったときの人間が、生活を一変するとともに、新しく、以前よりもっと烈しく、鋭く、高く、深く、透明であってしかも色彩に富み、多様であって、しかも一元性の高い作品を生みだすために、自分のすべてを創造の一点に集中しえたという、その事実に、感銘を受ける。(四五頁)

吉田秀和は、本書の「以後」においても、マーラーについて思考をとめたわけではない。さきごろ四部作が完結した『永遠の故郷』(集英社)、その第三冊目「真昼」の半分以上はマーラーの「うた」をめぐってのものとなっている。音楽が心身のなかでうごいているかぎり、思考もとどまることはない。

(こぬま　じゅんいち・音楽文化論)

＊増補──

マーラー、ブルックナー（『レコード芸術』別冊「交響曲のすべて」1980.5。ベートーヴェンの部分を削除／『作曲家論集１』）
カラヤンのマーラー（『レコード芸術』別冊「カラヤン＆ベルリン・フィル」1981.11。ドビュッシー、ヴェルディの部分を削除／『作曲家論集１』）
マーラーの新しい演奏　ジェームス・レヴァイン（『ステレオ芸術』1979.8／『作曲家論集１』）
交響曲第五番 他　ジュゼッペ・シノーポリ指揮　フィルハーモニア管弦楽団（『レコード芸術』1986.1／『作曲家論集１』）
菩提樹の花の香り（『マダム』1977.3-12「音楽の光と翳」より／『作曲家論集１』）

◉初出・出典一覧

本文庫は、『吉田秀和作曲家論集1　ブルックナー　マーラー』所収十六本のうち十一本（〈決定版〉では残りの五本を増補）、『吉田秀和全集』より五本、『之を楽しむ者に如かず』より一本を加え構成した。（また、レコード／CD番号は当時のものなので、現況はネットやCD店他でご確認下さい。）

マーラーを伝えた人（『朝日新聞』1989.2.21／『吉田秀和全集21』白水社、2002.12）
マーラー（『ステレオ芸術』1973.10-1974.2／『吉田秀和作曲家論集1　ブルックナー　マーラー』音楽之友社、2001.10）
ヴァルターのマーラー（『朝日新聞』1981.6.23／『全集19』2002.7）
ショルティのマーラーの交響曲（キング・レコード　LP［SOL1027-42］ライナーノーツ、1973／『作曲家論集1』）
新しいマーラー像　バーンスタインからレヴァインへ（『朝日新聞』1979.7.19／『全集19』2002.7）
カラヤンのマーラーふたたび（『レコード芸術』2007.8／『之を楽しむ者に如かず』新潮社、2009.9）
シノーポリ指揮ヴィーン・フィルのマーラー　交響曲第一番（『朝日新聞』1992.3.12／『全集21』2002.12）
交響曲第三番　ジュゼッペ・シノーポリ指揮　フィルハーモニア管弦楽団（『レコード芸術』1996.6／『作曲家論集1』）
交響曲第四番　リッカルド・シャイー指揮　ロイヤル・コンセルトヘボウ管弦楽団（『レコード芸術』2000.4／『作曲家論集1』）
交響曲第五番　ヘルベルト・フォン・カラヤン指揮　ベルリン・フィルハーモニー管弦楽団（『ステレオ芸術』1980.4／『作曲家論集1』）
交響曲第八番（キング・レコード　LP［SLA1039-1040］ライナーノーツ、1973.1／『作曲家論集1』）
表現主義的ネオ・バロック　交響曲第九番　サー・ジョン・バルビローリ指揮　ベルリン・フィルハーモニー管弦楽団（『芸術新潮』1967.11／『作曲家論集1』）
マーラーの交響曲第十番について（『レコード芸術』2002.11／『全集24』2004.12／『之を楽しむ者に如かず』にも）
大地の歌（『新女苑』別冊付録「世界の音楽」1948頃／『作曲家論集1』）
マーラーの歌（『レコード芸術』1981.9／『作曲家論集1』）
カンタータ《嘆きの歌》　リッカルド・シャイー指揮　ベルリン放送交響楽団（『レコード芸術』1991.11／『作曲家論集1』）
マーラーの流行をめぐって（『朝日新聞』1973.1.16／『作曲家論集1』）

＊本書は、二〇一一年三月刊行の『マーラー』に新たに五本の原稿を増補し装幀を新たにし〈決定版〉とするものです。なお、あとがき及び解説は二〇一一年刊のものです。

決定版《けっていばん》マーラー

二〇一九年 九 月一〇日 初版印刷
二〇一九年 九 月二〇日 初版発行

著 者 吉田《よしだ》秀和《ひでかず》
発行者 小野寺優
発行所 株式会社河出書房新社
〒一五一－〇〇五一
東京都渋谷区千駄ヶ谷二－三二－二
電話〇三－三四〇四－八六一一（編集）
〇三－三四〇四－一二〇一（営業）
http://www.kawade.co.jp/

ロゴ・表紙デザイン 粟津潔
本文フォーマット 佐々木暁
本文組版 株式会社ステラ
印刷・製本 中央精版印刷株式会社

Printed in Japan ISBN978-4-309-41711-0

フルトヴェングラー

吉田秀和　41119-4

フルトヴェングラー生誕百二十五年。吉田秀和が最も傾倒した指揮者に関する文章を初めて一冊に収攬。死の前年のパリの実演の印象から、シュナイダーハンとのヴァイオリン協奏曲まで。

バッハ

吉田秀和　41669-4

バッハについて書かれたさまざまな文章を一冊に集める。マタイ受難曲、ロ短調ミサ曲、管弦楽組曲、平均律クラヴィーア、ゴルトベルク、無伴奏チェロ……。リヒターからグールドまで。

グレン・グールド

吉田秀和　41683-0

評価の低かったグールドの意義と魅力を定め広めた貢献者の、グールド論集。『ゴルトベルク』に始まるバッハの他、モーツァルト、ベートーヴェンなど、多角的に論じる文庫オリジナル。

音楽を語る

W・フルトヴェングラー　門馬直美〔訳〕　46364-3

ドイツ古典派・ロマン派の交響曲、ワーグナーの楽劇に真骨頂を発揮した巨匠が追求した、音楽の神髄を克明に綴る。今なお指揮者の最高峰であり続ける演奏の理念。

西洋音楽史

パウル・ベッカー　河上徹太郎〔訳〕　46365-0

ギリシャ時代から二十世紀まで、雄大なる歴史を描き出した音楽史の名著。「形式」と「変容」を二大キーワードとして展開する議論は、今なお画期的かつ新鮮。クラシックファン必携の一冊。

聴いておきたい　クラシック音楽50の名曲

中川右介　41233-7

クラシック音楽を気軽に楽しむなら、誰のどの曲を聴けばいいのか。作曲家の数奇な人生や、楽曲をめぐる興味津々のエピソードを交えながら、初心者でもすんなりと魅力に触れることができる五十曲を紹介。

中世音楽の精神史

金澤正剛　41352-5

祈りの表現から誕生・発展したポリフォニー音楽、聖歌伝播のために進められた理論構築と音楽教育、楽譜の創造……キリスト教と密接に結び付きながら発展してきた中世音楽の謎に迫る。

レクィエムの歴史

井上太郎　41211-5

死者のためのミサ曲として生まれ、時代の死生観を鏡のように映しながら、魂の救済を祈り続けてきた音楽、レクィエム。中世ヨーロッパから現代日本まで、千年を超えるその歴史を初めて網羅した画期的名著。

増補完全版　ビートルズ　上

ハンター・デイヴィス　小笠原豊樹／中田耕治〔訳〕　46335-3

ビートルズの全面的な協力のもと、彼らと関係者に直接取材して書かれた唯一の評伝。どんな子どもで、どうやってバンド活動を始め、いかに成功したか。長い序文と詳細な附録をつけた完全版！

増補完全版　ビートルズ　下

ハンター・デイヴィス　小笠原豊樹／中田耕治〔訳〕　46336-0

世界中を魅了し、今なお愛され続けるビートルズ。歴史を変えたバンドの一生を詳細に追う。友人として四人と長くつきあってきた著者だからこそ知りえたビートルズの素顔を伝えた大傑作！

憂鬱と官能を教えた学校 上　【バークリー・メソッド】によって俯瞰される20世紀商業音楽史　調律、調性および旋律・和声

菊地成孔／大谷能生　41016-6

二十世紀中盤、ポピュラー音楽家たちに普及した音楽理論「バークリー・メソッド」とは何か。音楽家兼批評家＝菊地成孔＋大谷能生が刺激的な講義を展開。上巻はメロディとコード進行に迫る。

憂鬱と官能を教えた学校 下　【バークリー・メソッド】によって俯瞰される20世紀商業音楽史　旋律・和声および律動

菊地成孔／大谷能生　41017-3

音楽家兼批評家＝菊地成孔＋大谷能生が、世界で最もメジャーな音楽理論を鋭く論じたベストセラー。下巻はリズム構造にメスが入る！　文庫版補講対談も収録。音楽理論の新たなる古典が誕生！

ユングのサウンドトラック

菊地成孔 41403-4

気鋭のジャズ・ミュージシャンによる映画と映画音楽批評集。すべての松本人志映画作品の批評を試みるほか、町山智浩氏との論争の発端となった「セッション」評までを収録したディレクターズカット決定版！

服は何故音楽を必要とするのか?

菊地成孔 41192-7

パリ、ミラノ、トウキョウのファッション・ショーを、各メゾンのショーで流れる音楽＝「ウォーキング・ミュージック」の観点から構造分析する、まったく新しいファッション批評。文庫化に際し増補。

M／D 上 マイルス・デューイ・デイヴィスⅢ世研究

菊地成孔／大谷能生 41096-8

『憂鬱と官能』のコンビがジャズの帝王＝マイルス・デイヴィスに挑む！東京大学における伝説の講義、ついに文庫化。上巻は誕生からエレクトリック期前夜まで。文庫オリジナル座談会には中山康樹氏も参戦！

M／D 下 マイルス・デューイ・デイヴィスⅢ世研究

菊地成孔／大谷能生 41106-4

最盛期マイルス・デイヴィスの活動から沈黙の六年、そして晩年まで――『憂鬱と官能』コンビによる東京大学講義はいよいよ熱気を帯びる。没後二十年を迎えるジャズ界最大の人物に迫る名著。

ポップ中毒者の手記（約10年分）

川勝正幸 41194-1

昨年、急逝したポップ・カルチャーの牽引者の全貌を刻印する主著３冊を没後一年めに文庫化。86年から96年までのコラムを集成した本書は「渋谷系」生成の現場をとらえる稀有の名著。解説・小泉今日子

ポップ中毒者の手記２（その後の約5年分）

川勝正幸 41203-0

川勝正幸のライフワーク「ポップ中毒者」第二弾。一九九七年から二〇〇一年までのカルチャーコラムを集成。時代をつくりだした類例なき異才だけが書けた時代の証言。解説対談・横山剣×下井草秀

21世紀のポップ中毒者

川勝正幸 41217-7

9・11以降、二〇〇〇年代を覆った閉塞感の中で、パリやバンコクへと飛び、国内では菊地成孔のジャズや宮藤官九郎のドラマを追い続けたポップ中毒者シリーズ最終作。

恋と退屈

峯田和伸 41001-2

日本中の若者から絶大な人気を誇るロックバンド・銀杏ＢＯＹＺの峯田和伸。初の単行本。自身のブログで公開していた日記から厳選した百五十話のストーリーを収録。

十年ゴム消し

忌野清志郎 40972-6

十年や二十年なんて、ゴム消しさ！　永遠のブルース・マンが贈る詩と日記による私小説。自筆オリジナル・イラストも多数収録。忌野清志郎という生き方がよくわかる不滅の名著！

ヒップホップ・ドリーム

漢 a.k.a. GAMI 41695-3

マイク１本で頂点を競うヒップホップの精神とそれを裏切るシーンの陰惨なる現実。日本語ラップを牽引するラッパーが描く自伝的「ヒップホップ哲学」に増補を加え、待望の文庫化！

死してなお踊れ

栗原康 41686-1

行くぜ極楽、何度でも。家も土地も財産も、奥さんも子どもも、ぜんぶ捨てて一遍はなぜ踊り狂ったのか。他力の極みを生きた信仰の軌跡を踊りはねる文体で蘇らせて、未来をひらく絶後の評伝。

江戸の音

田中優子 47338-3

伽羅の香と毛氈の緋色、遊女の踊りと淫なる声、そこに響き渡った三味線の音色が切り拓いたものはなんだったのか？　江戸に越境したモダニズムの源を、アジアからヨーロッパに広がる規模で探る。

青春デンデケデケデケ
芦原すなお 40352-6

一九六五年の夏休み、ラジオから流れるベンチャーズのギターがぼくを変えた。"やーっぱりロックでなけらいかん"——誰もが通過する青春の輝かしい季節を描いた痛快小説。文藝賞・直木賞受賞。映画化原作。

ハプスブルク帝国
加藤雅彦 40813-2

アルプスの小城主から興り、日没なき世界帝国を築いて二十世紀初頭に至るまで、およそ六百年間も続いたヨーロッパ史最大の王朝。その独特な多民族国家の盛衰に富んだ全史を多数の図版とともに描く決定版。

カール五世
江村洋 41256-6

若いスペイン王として君臨し、その後、ヨーロッパからアフリカにまで支配を広げていき、ハプスブルク家が最大の栄光に満ちていた時代の皇帝の生涯を描く傑作評伝、待望の文庫化。

中世幻想世界への招待
池上俊一 41172-9

奇想天外、荒唐無稽な伝説や物語に満ちた中世ヨーロッパの世界。なぜ当時の人々は、これらの文学に熱狂したのか。狼男、妖精、聖人伝説など……その豊穣なイメージの世界への扉を開く。

帝国主義の開幕
中山治一 47180-8

砲声とともに西欧文明は進撃する！　輝ける人類の進歩と発展は、近代国家エゴイズムの相剋と力の論理による世界地図塗りかえ戦争、侵略によって支えられた。世紀末から大戦への暗闘の歴史を描く。

ミツコと七人の子供たち
シュミット村木眞寿美 40952-8

黒い瞳の伯爵夫人、パン・ヨーロッパの母と称されるクーデンホーフ光子。東京の町娘がいかにして伯爵家に嫁いだか、両大戦の激動の歴史に翻弄されながらどのように七人の子を育てたか、波乱の生涯を追う。

思考の紋章学

澁澤龍彥　40837-8

ヨーロッパの文学や芸術作品を紹介してきた著者が、迷宮、幻鳥、大地母神などのテーマに通底する心的パターンを鮮やかに描き出す。後にフィクションへと向かう著者の創作活動を暗示する画期的エッセイ！

幻想の肖像

澁澤龍彥　40169-0

幻想芸術を論じて当代一流のエッセイストであった著者が、ルネサンスからシュルレアリスムに至る名画三十六篇を選び出し、その肖像にこめられた女性の美と魔性を語り尽すロマネスクな美術エッセイ。

ヨーロッパの乳房

澁澤龍彥　41548-2

ボマルツォの怪物庭園、プラハの怪しい幻影、ノイシュヴァンシュタイン城、骸骨寺、パリの奇怪な偶像、イランのモスクなど、初めての欧州旅行で収穫したエッセイ。没後30年を機に新装版で再登場。

澁澤龍彥　日本芸術論集成

澁澤龍彥　40974-0

地獄絵や浮世絵、仏教建築などの古典美術から、現代美術の池田満寿夫、人形の四谷シモン、舞踏の土方巽、状況劇場の唐十郎など、日本の芸術について澁澤龍彥が書いたエッセイをすべて収録した決定版！

澁澤龍彥　西欧芸術論集成　上

澁澤龍彥　41011-1

ルネサンスのボッティチェリからギュスターヴ・モローなどの象徴主義、クリムトなどの世紀末芸術を経て、澁澤龍彥の本領である二十世紀シュルレアリスムに至る西欧芸術論を一挙に収録した集成。

滞欧日記

澁澤龍彥　巖谷國士〔編〕　40601-5

澁澤龍彥の四度にわたるヨーロッパ旅行の記録を数々の旅の写真や絵ハガキとともに全て収録。編者による詳細な註と案内、解説を付し、わかりやすい〈ヨーロッパ・ガイド〉として編集。

歌え！多摩川高校合唱部

本田有明　41693-9

「先輩が作詞した課題曲を歌いたい」と願う弱小の合唱部に元気だけが取り柄の新入生が入ってきた——。ＮＨＫ全国学校音楽コンクールで初の全国大会の出場を果たした県立高校合唱部の奇跡の青春感動物語。

永遠をさがしに

原田マハ　41435-5

世界的な指揮者の父とふたりで暮らす、和音十六歳。そこへ型破りな“新しい母”がやってきて——。親子の葛藤と和解、友情と愛情。そしてある奇跡が起こる……。音楽を通して描く感動物語。

ブラザー・サン　シスター・ムーン

恩田陸　41150-7

本と映画と音楽……それさえあれば幸せだった奇蹟のような時間。「大学」という特別な空間を初めて著者が描いた、青春小説決定版！　単行本未収録・本編のスピンオフ「糾える縄のごとく」＆特別対談収録。

カルテット！

鬼塚忠　41118-7

バイオリニストとして将来が有望視される中学生の開だが、その家族は崩壊寸前。そんな中、家族カルテットで演奏することになって……。家族、初恋、音楽を描いた、涙と感動の青春＆家族物語。映画化！

忘れられたワルツ

絲山秋子　41587-1

預言者のおばさんが鉄塔に投げた音符で作られた暗く濁ったメロディは「国民保護サイレン」だった……ふつうがなくなってしまった震災後の世界で、不穏に揺らぎ輝く七つの“生”。傑作短篇集、待望の文庫化

スウ姉さん

エレナ・ポーター　村岡花子〔訳〕　46395-7

音楽の才がありながら、亡き母に変わって家族の世話を強いられるスウ姉さんが、困難にも負けず、持ち前のユーモアとを共に生きていく。村岡花子訳で読む、世界中の「隠れた尊い女性たち」に捧げる物語。

著訳者名の後の数字はISBNコードです。頭に「978-4-309」を付け、お近くの書店にてご注文下さい。